PREFACE

많은 학생들이 시험전 마지막 정리기간에 본인의 약점을 어떻게 보완하고 시험장에 들어가야 하는지에 대해 고민하는 모습을 보았습니다. 본 교재는 이러한 학생들의 고민을 더는데 도움을 드리고자 제작하게 되었습니다.

본 교재의 특징은 아래와 같습니다.

1. **시험에 출제되는 유형 중 각 파트별로 학생분들이 가장 어려워하는 포인트에 집중했습니다.**

   ① **빈출 문법 포인트를 한눈에 확인합니다.**

   공무원 시험에서 빈출되는 문법 포인트들을 한눈에 정리할 수 있으며, 교재 마지막 부분에는 해당 문장들을 OX 형태로 제시하여 빠르게 확인할 수 있도록 했습니다.

   ② **출제가 예상되는 다의어를 정리합니다.**

   다의어는 신유형에서 1문항이 반드시 출제됩니다. 따라서 이는 반드시 정리해 두어야 합니다. 뿐만 아니라, 이 다의어는 1-2번 어휘에서도 중요한 역할을 하는데, 올바른 정리 학습이 없이 단어를 각각 해석해 나가다 보면, 잘못된 추론으로 엉뚱한 답을 고르게 될 수도 있습니다. 예로, "solution" 은 일반적으로 "해결, 해결책"의 의미로도 잘 쓰이지만, "용액"의 의미로 쓰이기도 하며, "sound" 는 "소리, ~처럼 들리다"와 같이 「소리」와 연관된 의미로 주로 쓰이지만, "건강한, 건전한"의 의미로 쓰이기도 합니다. 이에 대한 학습이 없다면, 이들 단어가 제시된 문항은 정답을 낼 수가 없는 것입니다. 이에 대한 정리를 바탕으로 신유형 1문항뿐 아니라, 1번, 2번 어휘 추론, 이에 더하여서 독해에서까지 올바른 해석을 할 수 있도록 하고 최종적으로는 영어 초고득점을 확실하게 갖고 올 수 있도록 101개의 최빈출 다의어를 정리 해두었습니다.

   ③ **최빈출 동의어/반의어를 제시합니다.**

   "어휘 추론", "글의 추론" 등 빈칸 추론의 기본은 「동의어 개념」과 「반의어 개념」입니다. 이는 모든 추론의 기본으로 이에 대한 완벽한 정리를 바탕으로 1-2번 어휘 뿐 아니라, 독해의 빈칸 추론까지 한꺼번에 완성할 수 있습니다. 총 125개의 동의어 반의어 개념을 정리하고 이를 기출 분석을 통해서 "꼭 출제되는 어휘만"을 엄선했습니다. 이는 어휘 2문항 뿐 아니라, 빈칸추론에서도 유용하게 쓰여 영어에서 초고득점을 확실하게 갖고 올 수 있도록 해줄 것입니다.

④ 초간단 영어 논리를 정리합니다.

흔히 영어독해 문제를 풀다보면, 분명 문장을 올바르게 해석하기는 했는데, 이를 바탕으로 추론을 하는 것에서 막히는 수험생들이 많습니다. 이를 두고 "독서량이 풍부해야 한다" 등의 조언을 하는 것을 간혹 보게 됩니다. 이는 물론 당연하며, 맞는 말이긴 하지만, 짧은 수험기간에 독서량까지 늘린다는 것은 불가능합니다. 따라서, 이와 같은 "논리에 맞는 사고방식"을 "초간단하게 정리"했으며, 이를 풍부한 예문과 자세한 설명으로 독서량이 많지 않더라도 논리 추론을 누구나 가능할 수 있도록 했습니다. 연습문제를 통해서 이를 적용함으로써 실전에서 바로 써먹는 기술이 되도록 했습니다.

⑤ 분야별 고난도 독해 어휘를 엄선했습니다.

과학 지문, 철학 지문 등 다소 전문성을 띠는 독해문제를 풀다보면, 생경한 단어/어휘로 인해 시간이 많이 걸릴 뿐 아니라, 글 역시 제대로 이해할 수 없는 경우가 많습니다. 최빈출되는 분야를 생리학, 철학, 고고학 등 8개 분야로 정리하였고, 이 중에서 빈출 되는 단어들을 또한 엄선했습니다. 외운다기 보다는 자주 봐줌으로써 눈에 친숙하게 해두어, 해당 분야의 독해문제를 대했을 때, 한 층 더 수월하게 접근할 수 있도록 해 두었습니다.

2 각 문제마다 상세 해설 및 어휘를 수록했습니다.

①의 영문법 문장에 대한 자세한 해설과 해당 개념에서 반드시 알아야 하는 표현들 또한 제시했습니다.

위와 같은 본 교재의 구성은, 수험생 여러분이 "시험장에 마지막으로 챙겨가기에 가장 적합한 교재"를 취지로 하여 제작했습니다.

마지막 순간까지 약점을 보완하는 것은 시험 준비에 꼭 필요한 과정입니다. 본 교재를 활용하여 시험 당일까지 영어에 대한 감을 유지하고 마지막까지 완벽하게 마무리하길 바랍니다.

수험생 여러분의 합격을 기원합니다.

저자 조태정

CONTENTS

STEP 1
꼭 챙겨주는 영문법 006

STEP 2
필수 다의어 101 054

STEP 3
최빈출 동의어/반의어 106

STEP 4
초간단 영어 논리 136

STEP 5
분야별 고난도 독해 어휘 160

부록
생활영어 표현정리 174

STEP 1 꼭 챙겨주는 영문법

※다음 문장이 옳으면 O, 옳지 않으면 X로 표시하세요.

01 I used to lay awake at night worrying about it.   O X

> Grammar Point Self Check

02 My counselor suggested that I would make my professor change my grade since I was sick on the day of the exam.   O X

> Grammar Point Self Check

ANSWER

01 I used to lie awake at night worrying about it.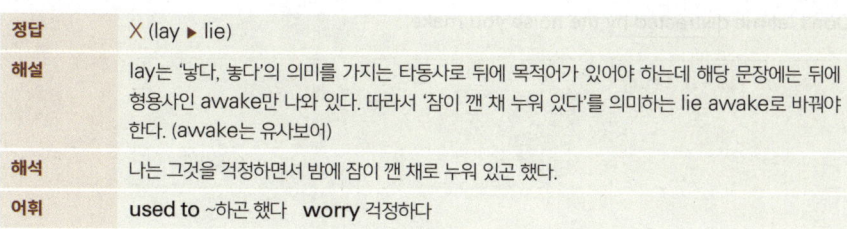

정답	X (lay ▶ lie)
해설	lay는 '낳다, 놓다'의 의미를 가지는 타동사로 뒤에 목적어가 있어야 하는데 해당 문장에는 뒤에 형용사인 awake만 나와 있다. 따라서 '잠이 깬 채 누워 있다'를 의미하는 lie awake로 바꿔야 한다. (awake는 유사보어)
해석	나는 그것을 걱정하면서 밤에 잠이 깬 채로 누워 있곤 했다.
어휘	**used to** ~하곤 했다 **worry** 걱정하다

02 My counselor suggested that I should make my professor change my grade since I was sick on the day of the exam.

정답	X (would ▶ should)
해설	"주장·명령·요구·제안" 동사인 "제안하다" 의미의 suggest 동사의 뒤 목적어절인 that절에는 반드시 'should+ R '이나 R 이 쓰여야 한다. 따라서 would를 should로 고친다. 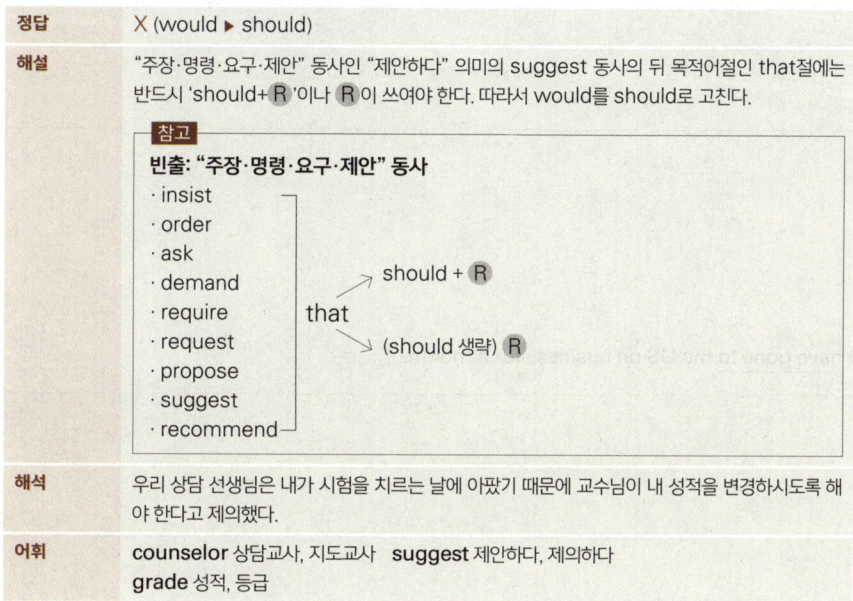
해석	우리 상담 선생님은 내가 시험을 치르는 날에 아팠기 때문에 교수님이 내 성적을 변경하시도록 해야 한다고 제의했다.
어휘	**counselor** 상담교사, 지도교사 **suggest** 제안하다, 제의하다 **grade** 성적, 등급

STEP 1 꼭 챙겨주는 영문법

03 Don't let me distracted by the noise you make.   O X

Grammar Point Self Check

04 Unfortunately, you may not know that you are at the danger point until it will be too late.   O X

Grammar Point Self Check

05 I have gone to the US on business for a month.   O X

Grammar Point Self Check

ANSWER

03 Don't let me be distracted by the noise you make. ○ ✗

정답	X (distracted ▶ be distracted)
해설	사역동사 let은 뒤에 목적어를 쓰고 목적격 보어 자리에 Ⓡ / be p.p를 쓴다. (let 목 + Ⓡ / be+p.p) 따라서, p.p의 형태인 distracted를 be distracted로 고친다.
해석	네가 내는 소음 때문에 내 집중력을 잃게 하지 마라.
어휘	distract 집중이 안 되게 하다 noise 소음

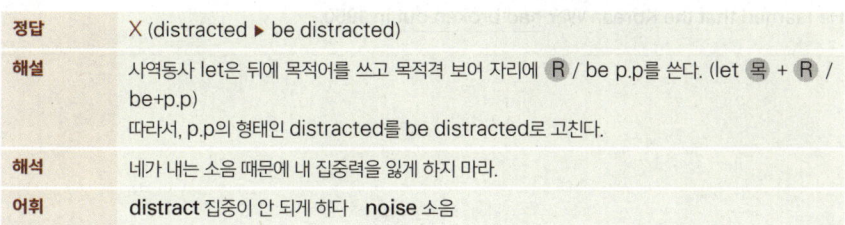

04 Unfortunately, you may not know that you are at the danger point until it is too late. ○ ✗

정답	X (will be ▶ is)
해설	시간과 조건의 부사절에서는 현재가 미래를 대신하므로 until 뒤의 시간부사절의 will be를 is로 고친다.
해석	불행하게도 사람들은 너무 늦을 때까지도 자신이 위험지점에 있다는 것을 알지 못하기도 한다.
어휘	unfortunately 불행히도 danger point 위험지점

05 I have been to the US on business for a month. ○ ✗

정답	X (have gone to ▶ have been to)
해설	"have gone to"는 "가버리고 현재 없다"의 의미이므로 "내가 가버리고 없다"는 것은 의미상 어색하다. "갔다 온 것"이므로 have been to로 고치는 것이 옳다. have been to(가본 적 있다)
해석	업무 때문에 미국에 한 달간 출장 갔다 왔어.
어휘	on business 업무로

STEP 1 꼭 챙겨주는 영문법

06 He learned that the Korean War had broken out in 1950. ○ ×

Grammar Point Self Check

07 Neither she nor I doesn't have any plan for the weekend. ○ ×

Grammar Point Self Check

ANSWER

06 He learned that the Korean War broke out in 1950.

정답	X (had broken out ▶ broke out)
해설	역사적 사실은 항상 과거 시제로 쓴다. (대과거 had+p.p.로 쓰지 않는다.)

> **빈출**
> **역사적 사실 표현**
> My teacher said that
> Columbus **discovered** America in 1492.
> World War II **ended** in 1945.
> French Revolution **broke out** in 1789.
> Copernicus **found out** ~

해석	그는 한국전쟁이 1950년에 일어났다고 배웠다.
어휘	**learn** 배우다, 학습하다 **break out** 발생하다

07 Neither she nor I don't have any plan for the weekend.

정답	X (doesn't ▶ don't)
해설	Neither Ⓐ nor Ⓑ 구문에서의 동사는 동사와 가까운 Ⓑ에 수일치한다. 이 문장에서의 Ⓑ는 "I"이므로 don't로 고치는 것이 옳다.

> **Tip**
> **선택형 주어 동사 가까운 명사(B)에 수 일치**
> · A or B / V
> · Either A or B / V
> · Neither A nor B / V

해석	그녀도 나도 주말에 아무런 계획이 없다.
어휘	**neither A nor B** A도 아니고 B도 아니다 **plan** 계획 **weekend** 주말

STEP 1 꼭 챙겨주는 영문법 011

STEP 1 꼭 챙겨주는 영문법

08 Not only he but also my friend <u>have</u> similar problems. ○ ✕

> Grammar Point Self Check

09 The number of students <u>are studying</u> very hard to get a job after their graduation. ○ ✕

> Grammar Point Self Check

08 Not only he but also my friend has similar problems.

정답	X (have ▶ has)
해설	Not only Ⓐ but also Ⓑ 구문에서는 동사를 Ⓑ에 수일치한다. 이 문장에서의 Ⓑ는 my friend이므로 동사는 단수 형태인 has로 고치는 것이 옳다. **Tip** [A뿐만 아니라 B도] 형태의 주어 Not only Ⓐ but also Ⓑ : Ⓑ에 수일치 Ⓑ as well as Ⓐ : Ⓑ에 수일치
해석	그뿐 아니라 내 친구도 비슷한 문제들을 겪고 있어.
어휘	**not only A but also B** A뿐만 아니라 B도 **similar** 비슷한 **problem** 문제

09 A number of students are studying very hard to get a job after their graduation.

정답	X (The number of ▶ A number of)
해설	The number of는 "~의 수"라는 의미로 "'수'가 열심히 공부한다"는 것은 의미상 어색하다. "많은" 학생들이 공부하는 것이 자연스러우므로 "많은"을 의미하는 A number of로 고친다. **Tip** · A number of (= many) 많은(복수) · The number of ~의 수(단수)
해석	많은 학생들이 졸업 후 취직을 위해 열심히 공부한다.
어휘	**get a job** 직장을 얻다 **graduation** 졸업

STEP 1 꼭 챙겨주는 영문법

10 It is true that less than half of the marriages made in this generation has been successful. ○ ×

Grammar Point Self Check

11 He was spoken to by the general. ○ ×

Grammar Point Self Check

10 It is true that less than half of the marriages made in this generation have been successful. ○ ✗

정답	X (has been ▶ have been)
해설	부분사는 수를 표시하지 않고, 뒤의 명사의 수를 따른다. "1/2, 절반" 등의 의미인 부분을 나타내는 말 half의 뒤에 복수 명사 marriages가 나왔으므로, 동사도 이에 수일치하여 복수 형태인 have been을 쓴다. 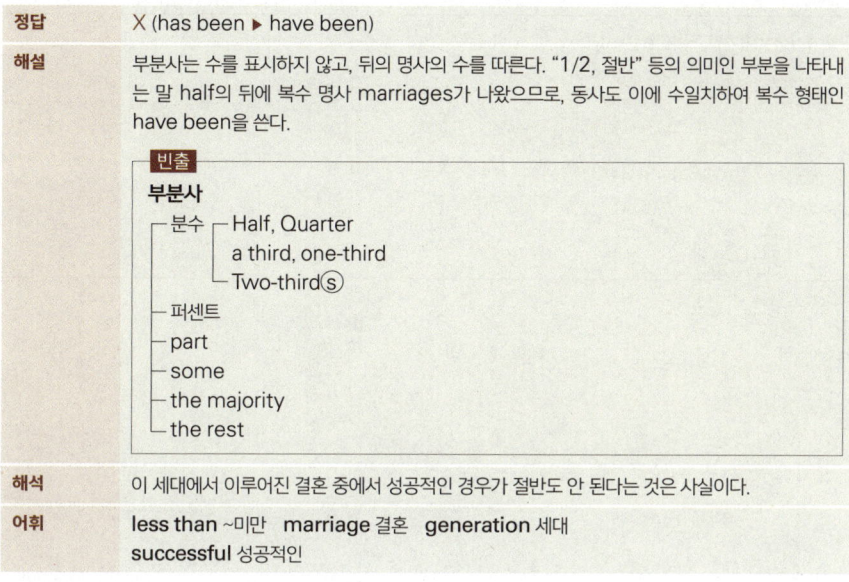
해석	이 세대에서 이루어진 결혼 중에서 성공적인 경우가 절반도 안 된다는 것은 사실이다.
어휘	**less than** ~미만 **marriage** 결혼 **generation** 세대 **successful** 성공적인

11 He was spoken to by the general. ○ ✗

정답	O
해설	Speak to 人을 수동태로 전환한 문장이다. 따라서, be spoken to by로 쓴 것은 적절하다. (Speak "to"의 수동태로 to를 필수적으로 쓴다.)
해석	그는 장군으로부터 말 걸어졌다. (= 장군이 그에게 말을 걸었다)
어휘	**general** 장군, 대장

STEP 1 꼭 챙겨주는 영문법

12 Every effort will be made minimize noise and disturbance. ○ ×

> Grammar Point Self Check

13 John reminded Mary of that she should get there early. ○ ×

> Grammar Point Self Check

ANSWER

12 Every effort will be made to minimize noise and disturbance.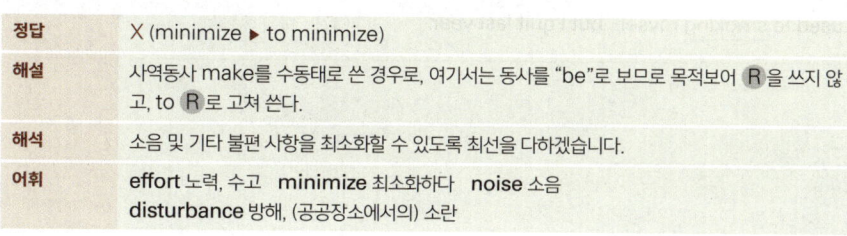

정답	X (minimize ▶ to minimize)
해설	사역동사 make를 수동태로 쓴 경우로, 여기서는 동사를 "be"로 보므로 목적보어 R을 쓰지 않고, to R로 고쳐 쓴다.
해석	소음 및 기타 불편 사항을 최소화할 수 있도록 최선을 다하겠습니다.
어휘	**effort** 노력, 수고 **minimize** 최소화하다 **noise** 소음 **disturbance** 방해, (공공장소에서의) 소란

13 John reminded Mary that she should get there early.

정답	X (of that ▶ that)
해설	remind는 타동사로, remind Ⓐ of Ⓑ 혹은 remind Ⓐ that S+V+O/C 형태로 쓴다. 뒤에 S+V의 문장이 왔으므로 that을 쓰는 것이 옳다.

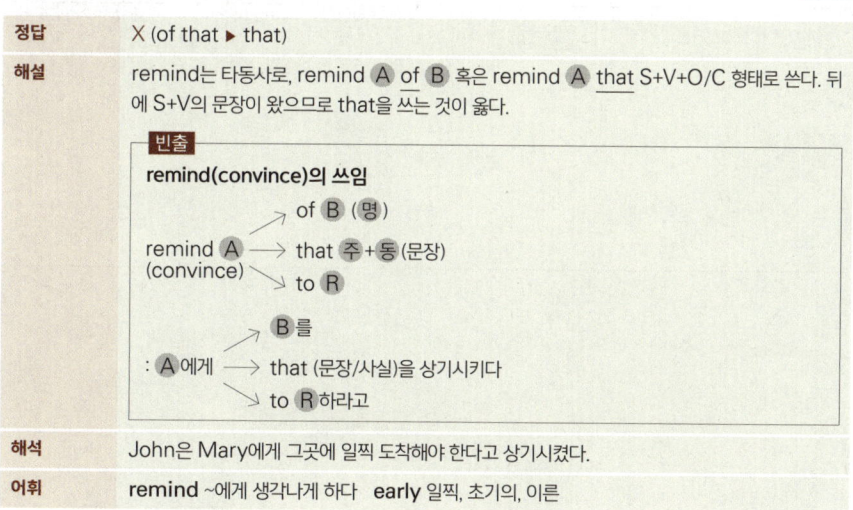

해석	John은 Mary에게 그곳에 일찍 도착해야 한다고 상기시켰다.
어휘	**remind** ~에게 생각나게 하다 **early** 일찍, 초기의, 이른

STEP 1 꼭 챙겨주는 영문법

14 I used to smoking myself, but I quit last year. ○ ×

Grammar Point Self Check

15 The restaurant reminded me of what London must be like in 1920s. ○ ×

Grammar Point Self Check

14 I used to smoke myself, but I quit last year.

정답	X (smoking ▶ smoke)
해설	'~하곤 했다'를 의미하는 'used to'는 조동사로 뒤에 ⓡ 을 쓴다. -ing의 형태인 smoking 대신에 ⓡ 의 형태인 smoke로 써야 한다. 관련표현 · be used to ⓡ ~하는 데 사용되다 · be used to -ing ~하는 데 익숙하다
해석	저도 담배를 피웠는데 작년에 끊었어요.
어휘	**used to** ~하곤 했다, 한때는 ~이었다, ~했다 **quit** 그만두다

15 The restaurant reminded me of what London must have been like in 1920s.

정답	X (must be ▶ must have been)
해설	조동사의 과거시제는 '조 have p.p'를 쓴다. 뒤의 시간 부사 'in 1920s'(과거)를 고려하여 must be를 must have been으로 고친다. 참고 조동사의 과거시제는 일정 형식 '조 have p.p'(조/해/피)로 쓰며, 이때 의미에 유의한다. · must have + p.p ~ 이었음에 틀림없다(추측) · should have + p.p ~ 했었어야 했는데(실제로는 X) (의무/당위) · ought to have p.p. ~ 했었어야 되는데(실제 X) · could have + p.p ~ 했었을 수도 있다(실제로는 X) · might have + p.p ~ 했었을 수도 있다(실제로는 X) · can not have + p.p ~ 이었을 리 없다 · need not have p.p. ~ 할 필요가 없었는데(실제로는 O)
해석	그 레스토랑은 1920년 런던이 어땠을지를 나에게 상기시켜 주었다.
어휘	**remind** 상기시키다

STEP 1 꼭 챙겨주는 영문법

16 You are a student, so you cannot help study.   ○ ×

Grammar Point Self Check

17 My aunt didn't remember to meet her at the party.   ○ ×

Grammar Point Self Check

16 You are a student, so you cannot help studying.

정답	X (study ▶ studying)
해설	"~할 수밖에 없다"의 의미인 "cannot help -ing" 표현이다. cannot help 뒤에는 항상 -ing의 형태를 쓴다.

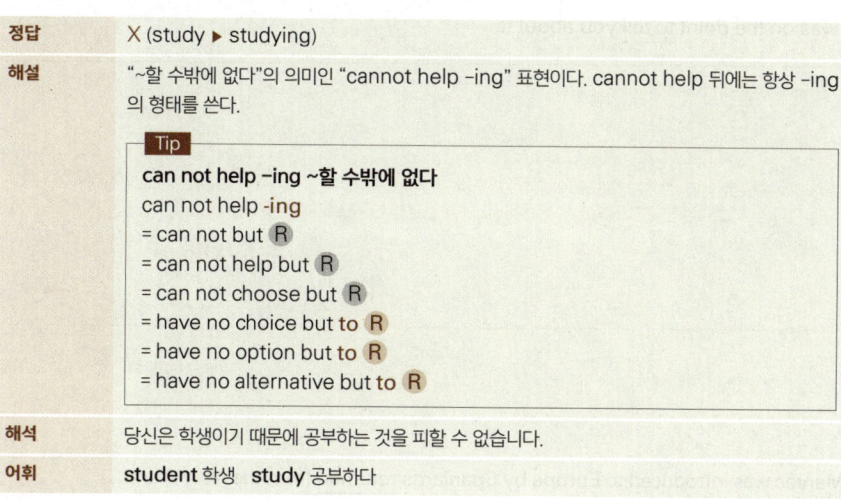

해석	당신은 학생이기 때문에 공부하는 것을 피할 수 없습니다.
어휘	**student** 학생 **study** 공부하다

17 My aunt didn't remember meeting her at the party.

정답	X (to meet ▶ meeting)
해설	remember to ®은 '~해야 할 것을 기억하다'라는 뜻으로 아직 일어나지 않은 미래에 대한 표현이다. 나의 이모가 과거의 일에 대해 기억하지 못하는 것이므로 과거의 일에 대한 표현인 remember -ing '~했던 것을 기억하다'의 형태로 쓰는 것이 옳다.
해석	나의 이모는 파티에서 그녀를 만난 것을 기억하지 못했다.
어휘	**aunt** 이모, 고모 **remember** 기억하다

STEP 1 꼭 챙겨주는 영문법

18 I was on the point to tell you about it.   ○ ×

Grammar Point Self Check

19 Manioc was introduced to Europe by Spaniards returned from the New World.   ○ ×

Grammar Point Self Check

20 An espresso machine and 850,000 won from the cash register were missed.   ○ ×

Grammar Point Self Check

ANSWER

18 I was on the point of telling you about it.

정답	X (to tell ▶ of telling)
해설	"막 ~하려 하다"는 be on the point of -ing로 쓰이므로 to tell을 of telling으로 고치는 것이 옳다.

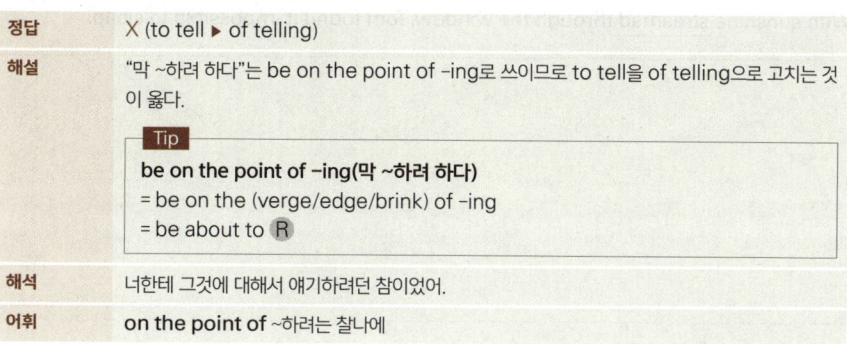

해석	너한테 그것에 대해서 얘기하려던 참이었어.
어휘	on the point of ~하려는 찰나에

19 Manioc was introduced to Europe by Spaniards returning from the New World.

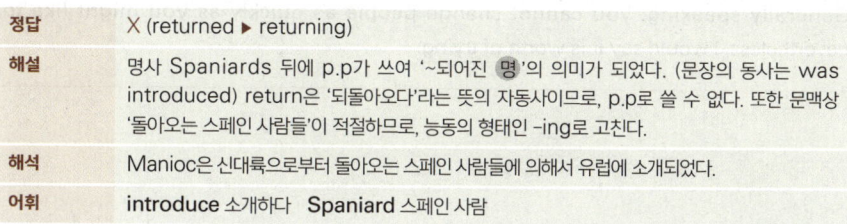

해석	Manioc은 신대륙으로부터 돌아오는 스페인 사람들에 의해서 유럽에 소개되었다.
어휘	introduce 소개하다 Spaniard 스페인 사람

20 An espresso machine and 850,000 won from the cash register were missing.

정답	X (missed ▶ missing)
해설	"실종된"의 의미는 missing으로 쓰며, missed로 쓰지 않는다. 이와 같은 분사 형용사는 암기해야 한다.

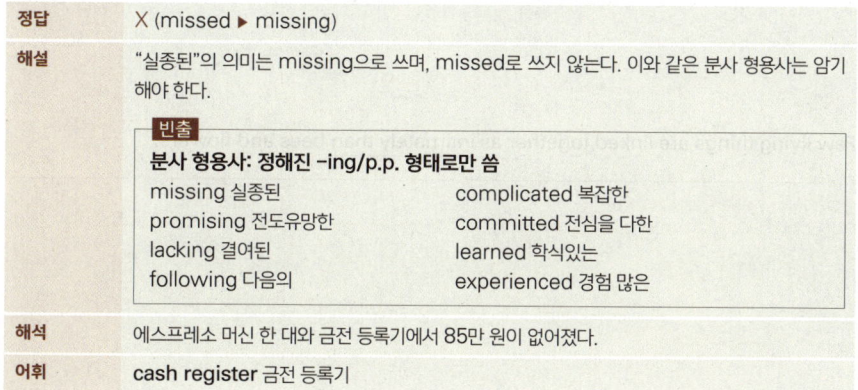

해석	에스프레소 머신 한 대와 금전 등록기에서 85만 원이 없어졌다.
어휘	cash register 금전 등록기

STEP 1 꼭 챙겨주는 영문법

21 With sunshine <u>streamed</u> through the window, Tom found it impossible to sleep.

Grammar Point Self Check

22 Generally speaking, you cannot change people as quickly as you might like to, but nevertheless, I would say it is worth <u>of trying</u>.

Grammar Point Self Check

23 Few living things are linked together <u>as intimately than</u> bees and flowers.

Grammar Point Self Check

ANSWER

21 With sunshine **streaming** through the window, Tom found it impossible to sleep.

정답	X (streamed ▶ streaming)
해설	"~한 채로"의 의미인 "with 명 -ing/p.p"의 쓰임을 묻고 있다. '빛이 들어오다'의 의미로 쓰일 경우 stream은 자동사이므로 수동의 의미인 p.p 형태로 쓸 수 없다. 따라서 능동의 의미인 -ing 형태로 고치는 것이 옳다. 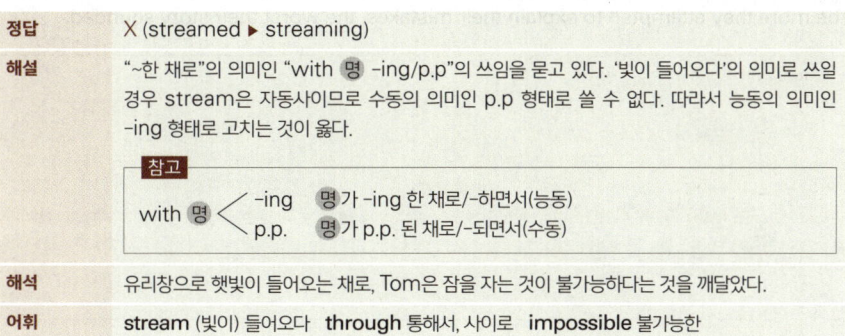
해석	유리창으로 햇빛이 들어오는 채로, Tom은 잠을 자는 것이 불가능하다는 것을 깨달았다.
어휘	**stream** (빛이) 들어오다 **through** 통해서, 사이로 **impossible** 불가능한

22 Generally speaking, you cannot change people as quickly as you might like to, but nevertheless, I would say it is worth **trying**.

정답	X (of trying ▶ trying)
해설	"~할 가치가 있다"의 의미는 be worth -ing = be worthy of -ing = be worthwhile to R 을 쓴다. 해당 문장에는 be worth가 쓰였으므로 -ing를 쓰는 것이 옳다.
해석	일반적으로 말해서, 당신은 당신이 생각하는 만큼 빨리 사람들을 변화시킬 수 없지만, 그럼에도 불구하고 나는 시도해 볼 만한 가치가 있다고 말하겠다.
어휘	**generally speaking** 일반적으로 말해서 **nevertheless** 그럼에도 불구하고

23 Few living things are linked together **as intimately as / more intimately than** bees and flowers.

정답	X (as intimately than ▶ as intimately as / more intimately than)
해설	비교 표현에서는 짝맞추기에 유의한다. than이 나왔으므로 앞에 비교급 표현 more을 쓰거나, 원급 비교 표현을 써서 than을 as로 고친다.
해석	벌과 꽃만큼 친밀하게 연결되어 있는 생물체는 거의 없다.
어휘	**few** 거의 없는 **living thing** 생물체, 생물 **intimately** 친밀하게

STEP 1 꼭 챙겨주는 영문법

24 The more they attempted to explain their mistakes, the worst their story sounded.

Grammar Point Self Check

25 The new manager is more superior to the old one.

Grammar Point Self Check

24 The more they attempted to explain their mistakes, the worse their story sounded.

정답	X (the worst ▶ the worse)
해설	'~하면 할수록 점점 더 ~해지다'의 의미인 'the 비교, the 비교' 표현으로 양쪽 모두 비교급을 쓴다. 앞에 'the 비교' 표현이 나왔으므로 뒤에도 'the 비교' 표현을 쓰는 것이 옳다. (bad - worse - worst)
해석	그들이 그들의 실수를 설명하려고 더 많이 시도할수록, 그들의 이야기는 더 나쁘게 들렸다.
어휘	attempt 시도하다 explain 설명하다 mistake 실수 sound 들리다

25 The new manager is superior to the old one.

정답	X (more superior to ▶ superior to)
해설	superior은 라틴어 비교급 표현으로, 비교급 표현인 more과 함께 쓰지 않는다. 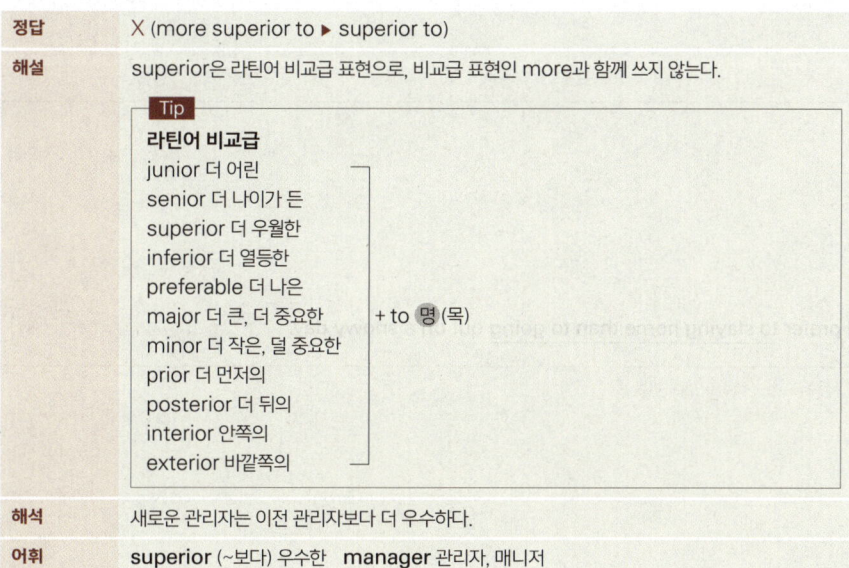
해석	새로운 관리자는 이전 관리자보다 더 우수하다.
어휘	superior (~보다) 우수한 manager 관리자, 매니저

STEP 1 꼭 챙겨주는 영문법

26 He has no daily necessities, still more luxuries. ○ ×

Grammar Point Self Check

27 She is more beautiful than any other girls in the class. ○ ×

Grammar Point Self Check

28 I prefer to staying home than to going out on a snowy day. ○ ×

Grammar Point Self Check

ANSWER

26 He has no daily necessities, still less luxuries.

정답	X (still more ▶ still less)
해설	'하물며'의 의미로 still more이 쓰였다. 앞문장이 부정의 의미이므로 still less를 쓴다. still (much) less: 하물며 cf still (much) less는 부정문과 함께 쓰며, 동일한 의미인 still (much) more는 긍정문과 함께 쓴다.
해석	그에게는 일상필수품조차 없다. 하물며 사치품은 말할 것도 없다.
어휘	**daily necessities** 일상 필수품 **luxuries** 사치품

27 She is more beautiful than any other girl in the class.

정답	X (girls ▶ girl)
해설	any other 뒤에는 단수 명사를 써야 하므로 girls를 girl로 고친다.
해석	그녀는 학급에서 가장 예쁜 소녀이다.
어휘	**beautiful** 아름다운

28 I prefer staying home to going out on a snowy day.

정답	X (prefer to staying home than to going ▶ prefer staying home to going)
해설	prefer는 라틴어 비교급으로, 뒤에 전치사 to를 쓰며, prefer ~ to와 관련한 표현을 쓸 경우 각각의 모양을 반드시 일치시킨다. 따라서 prefer -ing to -ing의 형식을 쓰거나, prefer to ⓡ rather than (to) ⓡ 을 쓴다. (반복된 to는 뒤에서 생략 가능)
해석	나는 눈 오는 날 밖에 나가는 것보다 집에 있는 것을 더 좋아한다.
어휘	**prefer** 선호하다 **go out** 나가다

STEP 1 꼭 챙겨주는 영문법

29 If he had taken more money out of the bank, he could have bought the shoes. ○ ×

Grammar Point Self Check

30 If it was not for Newton, the law of gravitation would not be discovered. ○ ×

Grammar Point Self Check

31 If she took medicine last night, she would have been better today. ○ ×

Grammar Point Self Check

ANSWER

29 If he had taken more money out of the bank, he could have bought the shoes. O

정답	O
해설	가정법 과거완료(대과거) 문장이 쓰였다. If절과 주절에 각각 시제 일치하여 과거완료 형태로 쓴 것은 옳다.
해석	그가 은행에서 더 많은 돈을 찾았더라면, 그 신발을 살 수 있었을 텐데.
어휘	take out of ~에서 꺼내다 shoes 신발 could have p.p ~할 수 있었을 텐데

30 If it had not been for Newton, the law of gravitation would not be discovered.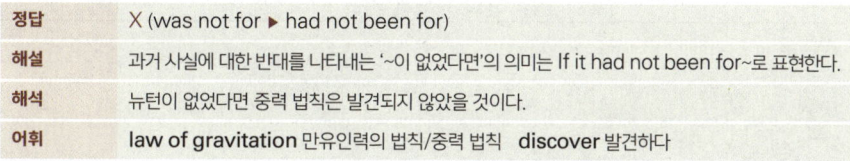

정답	X (was not for ▶ had not been for)
해설	과거 사실에 대한 반대를 나타내는 '~이 없었다면'의 의미는 If it had not been for~로 표현한다.
해석	뉴턴이 없었다면 중력 법칙은 발견되지 않았을 것이다.
어휘	law of gravitation 만유인력의 법칙/중력 법칙 discover 발견하다

31 If she had taken medicine last night, she would be better today.

정답	X (took ▶ had taken, would have been ▶ would be)
해설	가정법에서는 동사의 시제를 시간부사보다 한 시제 앞선 시점(-1)으로 쓴다. If절에 시간부사 last night(과거)이 있으므로 동사는 한 시제 앞선 과거 완료 형태로, 주절에 시간부사 today(현재)가 있으므로 동사는 한 시제 앞선 과거 형태를 쓴다.
해석	만약 어젯밤 그녀가 그 약을 먹었더라면, 오늘 더 나았을 텐데.
어휘	take medicine 약을 먹다

STEP 1 꼭 챙겨주는 영문법

32 Have I studied a little harder, I could have passed the exam. ○ ×

Grammar Point Self Check

33 It's high time we will have something to drink. ○ ×

Grammar Point Self Check

34 He is telling a lie as if it is the truth. ○ ×

Grammar Point Self Check

ANSWER

32 Had I studied a little harder, I could have passed the exam.

정답	X (Have ▶ Had)
해설	가정법에서 if가 생략된 형태로, 문두에서 도치가 발생했다. 가정법에서는 If절에 have+p.p 형태를 쓰지 않는다. 주절의 시제가 과거완료(could have passed)이므로 If절도 had+p.p 형태로 쓴다.
해석	내가 좀 더 열심히 공부했다면, 나는 그 시험에 합격할 수 있었을 텐데.
어휘	pass the exam 시험에 합격하다

33 It's high time we should have / had something to drink.

정답	X (will have ▶ should have / had)
해설	It is (about /high) time ~은 뒤에 가정법이 나온다. should + Ⓡ 이나, 동사 과거형을 쓴다.
해석	뭐 한잔 마실 시간이야.
어휘	something 무언가, 어떤 것

34 He is telling a lie as if it were the truth.

정답	X (is the truth ▶ were the truth)
해설	as if/as though 뒤에는 가정법이 나온다. 시간에 맞게 과거 형태를 쓴다. 가정법에서는 was를 사용할 수 없으므로, were를 쓴다.
해석	그는 그것이 마치 진실인것처럼 거짓말을 한다.
어휘	tell a lie 거짓말을 하다

STEP 1 꼭 챙겨주는 영문법

35 Do you think who will win? ◯ ✕

Grammar Point Self Check

36 Not until this morning I knew he had won the gold medal. ◯ ✕

Grammar Point Self Check

37 The scenery was such beautiful that nobody could describe it. ◯ ✕

Grammar Point Self Check

ANSWER

35 Who do you think will win?

정답	X (Do you think who ▶ Who do you think)
해설	주절의 동사가 추측성 동사인 'think/suppose/imagine/guess/believe' 등이면, 의문사는 문장의 맨 앞으로 써야 하므로 who를 맨 앞으로 이동시켜야 한다.
해석	누가 이길 것 같나요?
어휘	win 이기다

36 Not until this morning did I know he had won the gold medal.

정답	X (I knew ▶ did I know)
해설	부정어구가 문장 맨 앞에 있으므로, 도치(조 주 동)한다. **참고** • 부정어구: no/not/never/neither/nor/little/hardly/seldom/rarely/scarcely/barely • 기타 도치 유도: only/so
해석	오늘 아침이 되어서야 나는 그가 금메달을 땄다는 것을 알았다.
어휘	not until ~이후에야 비로소 win the gold medal 금메달을 따다

37 The scenery was so beautiful that nobody could describe it.

정답	X (such ▶ so)
해설	such ~ that과 so ~ that 구분하기 such ~ that 사이에는 반드시 명사가 있어야 하며, 어순은 such (a) 형 명 that의 어순이 된다. so ~ that 사이에는 명사가 없어도 되며, 기본형은 so 형/부 that이다. 명사를 쓰는 경우는 so 형 a 명 that의 어순이 된다. 해당 문장에는 such로 되어 있으나 명이 없으므로 such를 쓸 수 없다. 따라서 so로 고친다.
해석	그 광경은 너무 아름다워서 아무도 묘사할 수가 없었다.
어휘	scenery 경치, 광경, 장면 beautiful 아름다운 describe 묘사하다, 설명하다

STEP 1 꼭 챙겨주는 영문법

38 Under no circumstances <u>a teacher should</u> use physical violence to discipline his or her students when school is supposed to be a comfortable, safe learning environment for everyone. ○ ✕

Grammar Point Self Check

39 She was not aware of what was going on then, <u>neither did he</u>. ○ ✕

Grammar Point Self Check

38 Under no circumstances should a teacher use physical violence to discipline his or her students when school is supposed to be a comfortable, safe learning environment for everyone.

정답	X (a teacher should ▶ should a teacher)
해설	부정부사 "Under no circumstances"로 문장이 시작되었으므로, 뒤에 (조)(주)(동)으로 도치한다.
해석	어떤 상황에서도 교사는 학생들을 훈육할 때 신체적인 폭력(체벌)을 행사해서는 안 되는데, 그것은 학교가 모든 사람에게 편안하고 안전한 배움의 장이 되어야 하기 때문이다.
어휘	physical 물리의, 신체의 violence 폭력 discipline 훈육하다, 징계하다 be supposed to ® ~하기로 되어 있다, ~로 추정되다 comfortable 편안한

39 She was not aware of what was going on then, and neither was he.

정답	X (neither did he ▶ and neither was he)
해설	'~도 그렇다'의 의미인 neither (조)(주) 표현이 쓰였다. 이 경우 조동사는 앞선 문장의 조동사를 이용한다. 주어진 문장의 앞에 나온 조동사는 be이므로 did를 be로 고치되 시제 일치하며 was로 고치는 것이 옳다. 또한 neither은 접속사의 역할을 할 수 없으므로 앞에 접속사 and를 넣어줘야 한다.
해석	그녀는 그때 무슨 일이 일어나고 있는지 몰랐고 그도 알지 못했다.
어휘	be aware of ~을 알다

STEP 1 꼭 챙겨주는 영문법

40 When he left his hometown thirty years ago, little <u>does he dream</u> that he could never see it again.　　○ ✕

  Grammar Point Self Check

41 The reason I don't like him is <u>because</u> he is a liar.　　○ ✕

  Grammar Point Self Check

42 Included in this series <u>is</u> "The Enchanted Horse," among other famous children's stories.　　○ ✕

  Grammar Point Self Check

ANSWER

40 When he left his hometown thirty yeas ago, little did he dream that he could never see it again.

정답	X (does he dream ▶ did he dream)
해설	부정어구 little이 문두에 나와 조 주 동 의 도치가 발생한 것은 올바르다. 그러나 시간 부사절인 When절의 시제가 과거이므로 주절의 시제도 과거로 쓰는 것이 적합하다. 따라서 does를 과거 형태인 did로 고치는 것이 옳다.
해석	30년 전 고향을 떠날 때, 그는 다시는 고향을 못 볼 거라고 꿈에도 생각지 않았다.
어휘	hometown 고향

41 The reason I don't like him is that he is a liar.

정답	X (because ▶ that)
해설	The reason이 주어일 때, 보어 자리에는 "의미 중복 금지" 규칙에 따라 because절이 올 수 없으므로, that으로 고치는 것이 옳다.
해석	내가 그를 싫어하는 이유는 그가 거짓말쟁이이기 때문이다.
어휘	liar 거짓말쟁이

42 Included in this series is "The Enchanted Horse," among other famous children's stories.

정답	O
해설	동사 왼편의 주어 자리에 p.p 형태가 온, 형용사 보어와 주어가 도치된 CVS 도치문이다. 동사 is의 주어는 "The Enchanted Horse"라는 작품명으로 단수 취급하므로 동사 또한 단수 형태를 쓴 것은 옳다.
해석	다른 유명한 동화들 중에서, 이 시리즈에 포함된 것은 'The Enchanted Horse(마법에 걸린 말)'이다.
어휘	enchant 매혹하다, ~에 마법을 걸다 among ~중에서

STEP 1 꼭 챙겨주는 영문법

43 Words and language have tremendous power, as is the intent behind them.

Grammar Point Self Check

44 She didn't like the term Native American any more than my mother did.

Grammar Point Self Check

45 He was so distracted by a text message to know that he was going over the speed limit.

Grammar Point Self Check

ANSWER

43 Words and language have tremendous power, as does the intent behind them.

정답	X (is ▶ does)
해설	as 뒤에서 도치가 발생한 경우이고, is 동사는 앞선 동사 have의 대신 쓴 대동사이다. 대동사는 앞선 동사를 받아 써야 하므로, (be+α ⇒ be) (조+α ⇒ 조) (일반동사 ⇒ do)를 쓴다. 앞선 동사가 "가지다"의 의미인 일반동사 have이므로, do를 쓰며, 뒤의 주어와 수일치하여 does를 쓴다.
해석	말과 언어는 그 뒤 이면에 있는 의도처럼 강력한 힘을 가진다.
어휘	**words** 말　**tremendous** 굉장한, 무시무시한　**intent** 목적, 의지, 의도

44 She didn't like the term Native American any more than my mother did.

정답	O
해설	A is no more B than C is D. = A is not B any more than C is D. 'A가 B아닌 것은 C가 D아닌 것과 같다'의 표현이다. 올바르게 쓰였다.
해석	그녀는 나의 엄마가 그랬던 것만큼이나 아메리카 원주민이라는 용어를 좋아하지 않았다.
어휘	**Native American** (아메리칸) 인디언

45 He was too distracted by a text message to know that he was going over the speed limit.

정답	X (so ▶ too)
해설	'너무나 ~해서 ~할 수 없다' 표현은 'too ~ to Ⓡ'을 쓴다.
해석	그는 문자 메시지에 너무 정신이 팔려서 제한속도보다 빠르게 달리고 있다는 것을 몰랐다.
어휘	**distract** 주의를 빼앗다, 산만하게 하다　**go over** 넘다, ~를 조사하다 **speed limit** 제한속도

STEP 1 꼭 챙겨주는 영문법

46 She's trying to understand that it looks like to live without regrets. ○ ×

Grammar Point Self Check

47 The team is two players shortly, so they'll need to find substitutes quickly if they want to avoid forfeiting the game and still have a chance to win. ○ ×

Grammar Point Self Check

48 No sooner has she finishing her work than she received a phone call. ○ ×

Grammar Point Self Check

ANSWER

46 She's trying to understand **what** it looks like to live without regrets.

정답	X (that ▶ what)
해설	"that" 앞에 동사 "understand" 가 「목적어」(명사) 없이 쓰였다. 따라서, 이 "that" 은 「(명사절) 접속사」로 봐야한다. 이 경우, 뒤의 문장은 완전해야 하는데, 뒤의 「전치사」 "like" 뒤로 「목적어」가 없다. 즉, 불완전한 문장이다. (to live without regrets는 가주어 it 의 진주어) 따라서, 「관계대명사」 "what" 으로 고친다.
해석	그녀는 후회 없이 사는 것이 어떤 모습일지 이해하려고 노력하고 있다.
어휘	try 애쓰다, 시도하다 understand 이해하다 look like ~처럼 보이다 without ~없이 regret 후회

47 The team is two players **short**, so they'll need to find substitutes quickly if they want to avoid forfeiting the game and still have a chance to win.

정답	X (shortly ▶ short)
해설	"shortly" 는 "곧, 이윽고"의 의미이고, "부족한, 결여된" 의 의미는 "short" 이다.
해석	그 팀은 두 명의 선수가 부족하다, 그래서 경기를 포기하지 않고 여전히 이길 가능성을 가지려면 급히 대체 선수를 찾아야 한다.
어휘	short 부족한, 짧은, (키가) 작은, 결여된 substitute 대체, 대체 선수들 avoid 피하다 forfeit 포기하다

48 No sooner **had she finished** her work than she received a phone call.

정답	X (has she finishing ▶ had she finished)
해설	"~하자마자 ~하다" 의 의미인 "no sooner" 구문은 다음의 규칙을 따른다. 1) 「부정어구」인 "no sooner"(hardly/scarcely) 뒤에서는 반드시 「도치」가 일어난다. 2) 각 「부정어구」에 맞는 "접속사"를 쓴다. "no sooner → than" / "hardly/scarcely → when/before" 3) "than" 뒤 문장의 시제가 「과거」면, 앞선 "no sooner/hardly/scarcely" 절은 「대과거」(had PP)로 쓴다. 해당 밑줄 부분은 「도치」가 되어있으나, 시제가 틀렸고, 완료 시제 has(have/had) 뒤에는 「PP」를 쓰므로, "had she finished" 로 고친다.
해석	그녀가 일을 끝내자마자 전화가 걸려왔다.
어휘	no sooner ~하자마자 work 일 than ~보다 receive 받다 phone 전화 call 전화 걸기, 부르다

STEP 1 꼭 챙겨주는 영문법

49 I can't believe how strangely it is to see snow in February. ○ ✕

> Grammar Point Self Check

50 The police are currently chasing the suspect who escaped from the detention center, aren't they? ○ ✕

> Grammar Point Self Check

49 I can't believe how strange it is to see snow in February.

정답	X (how strangely ▶ how strange)
해설	how 가 "얼마나"의 의미로 쓰일 때, how 뒤에 형/부 를 반드시 붙여서 쓴다. 따라서, 부사 "strangely" 는 뒤의 문장에서 이동한 것으로 볼 수 있는데, 뒤의 문장에서는 2형식의 동사 "is" 뒤에 「보어」가 빠져있다. (to see snow는 가주어 it 의 진주어) 따라서, 「보어」 가 될 수 있는 형용사로 고친다.
해석	2월에 눈을 보는 것이 얼마나 이상한지 믿을 수가 없다.
어휘	how 어떻게, 얼마나 February 2월

50 The police are currently chasing the suspect who escaped from the detention center, aren't they?

정답	O
해설	"가장 짧은 형태로 쓰는" 「부가 의문문」에서는 다음의 규칙을 따른다. 1) 앞선 조동사를 쓰되, 항상 반대로 쓴다. (긍정문→ 부정문/부정문→ 긍정문) 2) 긍정문의 반대로 쓸 때, 반드시 축약형을 쓴다. 3) 앞선 주어를 쓰되, 대5명사로 쓴다. 　• 주어진 앞 문장은 긍정문이므로, 부정문으로 쓴 것은 옳다. 　• 앞선 동사인 be 동사는 조동사적 성질을 가지므로, 이를 통해 반대로·축약형을 쓴다. (aren't) 　• 앞선 주어가 the police (경찰들) 이므로, 대명사 they를 쓴 것 역시 옳다.
해석	경찰들이 현재 유치장에서 도망친 용의자를 쫓고 있지, 그렇지
어휘	currently 현재 chase 쫓다 suspect 용의자 escape (from) ~에서 도망치다 detention center 유치장

STEP 1 꼭 챙겨주는 영문법 다시 한 번 정리

01 Every effort will be made minimize noise and disturbance. ○ ✕

02 If he had taken more money out of the bank, he could have bought the shoes. ○ ✕

03 The more they attempted to explain their mistakes, the worst their story sounded. ○ ✕

04 Don't let me distracted by the noise you make. ○ ✕

05 Not only he but also my friend have similar problems. ○ ✕

06 If it was not for Newton, the law of gravitation would not be discovered. ○ ✕

07 My counselor suggested that I would make my professor change my grade since I was sick on the day of the exam. ○ ✕

08 Manioc was introduced to Europe by Spaniards returned from the New World. ○ ✕

09 You are a student, so you cannot help study. ○ ✕

10 Unfortunately, you may not know that you are at the danger point until it will be too late. ○ ✕

---

01 ✕ minimize ▶ to minimize
02 ○
03 ✕ the worst ▶ the worse
04 ✕ distracted ▶ be distracted
05 ✕ have ▶ has
06 ✕ was not for ▶ had not been for, would not be ▶ wouldn't have been
07 ✕ would ▶ should
08 ✕ returned ▶ returning
09 ✕ study ▶ studying
10 ✕ will be ▶ is

11 Words and language have tremendous power, as is the intent behind them. ○ ×

12 She was not aware of what was going on then, neither did he. ○ ×

13 He has no daily necessities, still more luxuries. ○ ×

14 He was spoken to by the general. ○ ×

15 Not until this morning I knew he had won the gold medal. ○ ×

16 Have I studied a little harder, I could have passed the exam. ○ ×

17 The new manager is more superior to the old one. ○ ×

18 When he left his hometown thirty years ago, little does he dream that he could never see it again. ○ ×

19 She is more beautiful than any other girls in the class. ○ ×

20 Under no circumstances a teacher should use physical violence to discipline his or her students when school is supposed to be a comfortable, safe learning environment for everyone. ○ ×

---

11 × is ▶ does	**16** × Have ▶ Had
12 × neither did he ▶ and neither was he	**17** × more superior to ▶ superior to
13 × still more ▶ still less	**18** × does he dream ▶ did he dream
14 ○	**19** × girls ▶ girl
15 × I knew ▶ did I know	**20** × a teacher should ▶ should a teacher

STEP 1 꼭 챙겨주는 영문법 다시 한 번 정리

21 With sunshine streamed through the window, Tom found it impossible to sleep. ○ ×

22 Do you think who will win? ○ ×

23 It's high time we will have something to drink. ○ ×

24 He learned that the Korean War had broken out in 1950. ○ ×

25 I prefer to staying home than to going out on a snowy day. ○ ×

26 She's trying to understand that it looks like to live without regrets. ○ ×

27 The team is two players shortly, so they'll need to find substitutes quickly if they want to avoid forfeiting the game and still have a chance to win. ○ ×

28 No sooner has she finishing her work than she received a phone call. ○ ×

29 I can't believe how strangely it is to see snow in February. ○ ×

30 The police are currently chasing the suspect who escaped from the detention center, aren't they? ○ ×

---

21 × streamed ▶ streaming	26 × that ▶ what
22 × Do you think who ▶ Who do you think	27 × shortly ▶ short
23 × will have ▶ should have / had	28 × has she finishing ▶ had she finished
24 × had broken out ▶ broke out	29 × how strangely ▶ how strange
25 × prefer to staying home than to going ▶ prefer staying home to going	30 ○

31 I used to lay awake at night worrying about it. ○ ✗

32 I have gone to the US on business for a month. ○ ✗

33 I was on the point to tell you about it. ○ ✗

34 Generally speaking, you cannot change people as quickly as you might like to, but nevertheless, I would say it is worth of trying. ○ ✗

35 If she took medicine last night, she would have been better today. ○ ✗

36 The number of students are studying very hard to get a job after their graduation. ○ ✗

37 The reason I don't like him is because he is a liar. ○ ✗

38 He was so distracted by a text message to know that he was going over the speed limit. ○ ✗

39 My aunt didn't remember to meet her at the party. ○ ✗

40 Included in this series is "The Enchanted Horse," among other famous children's stories. ○ ✗

---

31 ✗ lay ▶ lie		36 ✗ The number of ▶ A number of
32 ✗ have gone to ▶ have been to		37 ✗ because ▶ that
33 ✗ to tell ▶ of telling		38 ✗ so ▶ too
34 ✗ of trying ▶ trying		39 ✗ to meet ▶ meeting
35 ✗ took ▶ had taken, would have been ▶ would be		40 ○

STEP 1 꼭 챙겨주는 영문법

STEP 1 꼭 챙겨주는 영문법 다시 한 번 정리

41 She didn't like the term Native American any more than my mother did. ○ ×

42 It is true that less than half of the marriages made in this generation has been successful. ○ ×

43 Few living things are linked together as intimately than bees and flowers. ○ ×

44 He is telling a lie as if it is the truth. ○ ×

45 The scenery was such beautiful that nobody could describe it. ○ ×

46 Neither she nor I doesn't have any plan for the weekend. ○ ×

47 The restaurant reminded me of what London must be like in 1920s. ○ ×

48 John reminded Mary of that she should get there early. ○ ×

49 I used to smoking myself, but I quit last year. ○ ×

50 An espresso machine and 850,000 won from the cash register were missed. ○ ×

---

41 ○
42 × has been ▶ have been
43 × as intimately than ▶ as intimately as / more intimately than
44 × is the truth ▶ were the truth
45 × such ▶ so
46 × doesn't ▶ don't
47 × must be ▶ must have been
48 × of that ▶ that
49 × smoking ▶ smoke
50 × missed ▶ missing

MEMO

2025
조태정 영어
CLIMAX

STEP 2
필수 다의어 101

STEP 2 필수 다의어 101

001 Step — 조치, 행동 / 단계, 걸음 / 계단

단계, 걸음	(stage, phase, level) The first **step** to success is setting clear goals. (성공을 위한 첫 번째 **단계**는 명확한 목표를 설정하는 것이다.)
계단	(stair, staircase) She climbed the **steps** to the front door. (그녀는 현관문으로 가는 **계단**을 올라갔다.)
조치, 행동	(measure, action, procedure) The company took **steps** to reduce its carbon footprint. (그 회사는 탄소 발자국을 줄이기 위한 **조치**를 취했다.) 빈출표현 Take the necessary steps (필요한 조치를 취하다)

002 Term — 용어, 기간, 관계, 조건

용어	(word, expression, phrase) The **term** 'global warming' refers to the long-term rise in global temperatures. ('지구 온난화'라는 **용어**는 지구 온도의 장기적인 상승을 의미한다.)
기간	(duration, period, time) Her internship **term** lasts for six months. (그녀의 인턴십 기간은 6개월이다.)
관계	(relations, footing) She is on good **terms** with all of her colleagues at work. (그녀는 직장에서 모든 동료들과 좋은 관계를 유지하고 있다.)
조건	(condition, provision, clause) Please read the **terms** and conditions before agreeing to the service. (서비스에 동의하기 전에 약관을 읽어 주세요.) 빈출표현 terms and conditions 약관

003 Sentence

문장	(clause, statement, phrase) The teacher asked us to write a **sentence** using the word 'collaboration. (선생님은 '협력'이라는 단어를 사용하여 문장을 작성하라고 하셨다.)
판결, 처벌	punishment, verdict, judgment The judge gave the defendant a 10-year **sentence**. (판사는 피고에게 **10년 판결**을 내렸다.) 빈출표현 Pass a sentence (판결을 내리다) 　　　　　Sentence to life (종신형을 선고하다)

004 Material

재료	(substance, element) The **material** for the sculpture was marble. (그 조각의 **재료**는 대리석이었다.)
자료	(data, information, content) The researcher gathered all relevant **material** for her thesis. (연구자는 그녀의 논문을 위한 모든 관련 **자료**를 모았다.)
중요한	(significant, essential, crucial) This is a **material** issue that needs immediate attention. (이것은 즉각적인 관심이 필요한 **중요한** 문제이다.) 빈출표현 material consideration (중요한 고려사항) 　　　　　material change (중요한 변화) 　　　　　material issue (중요한 문제)

STEP 2 필수 다의어 101

005 Mean

의미하다	(signify, represent, indicate) What does the word 'responsibility' **mean** in this context? ("책임"이라는 단어는 이 문맥에서 무엇을 의미하나요?)
의도하다	(intend, plan, aim) I **meant** to write you a letter last week, but I got busy with work. (나는 지난주에 당신에게 편지를 쓸 생각이었지만, 일이 바빠서 못 썼다.)
비열한	(cruel, unkind, spiteful) It was very **mean** of him to say that about her. (그가 그녀에 대해 그렇게 말한 것은 정말 비열했다.)
중간의	(average, median, standard) Her **mean** score in the class was 80. (그녀의 수업에서의 중간 점수는 80이었다.)
수단, 수단들	* **MEANS** (method, way, approach) The internet is a powerful **means** of communication. (인터넷은 강력한 의사소통 수단이다.)

006 Action

행동	(behavior, conduct, performance) The police took immediate **action** to prevent further damage. (경찰은 추가적인 피해를 막기 위해 즉시 **행동**을 취했다.)
활동	(activity, effort, initiative) The community's **action** in helping the homeless was commendable. (무주택자를 돕기 위한 커뮤니티의 **활동**은 칭찬할 만했다.)
조치	(measure, step, move) We need to take quick **action** to resolve this issue. (우리는 이 문제를 해결하기 위해 신속한 **조치**가 필요하다.) 빈출표현 take immediate action (즉각적 조치를 취하다) 　　　　 call to action (조치를 촉구하다) 　　　　 preventive action (예방 조치) 　　　　 corrective action (시정 조치)

007 Fair

공정한	(just, impartial, equitable) The game was **fair**, with both teams playing by the rules. (게임은 공정하게 진행되었고, 두 팀은 규칙을 따랐다.)
박람회	(exhibition, festival) The town's annual **fair** is always a popular event. (마을의 연례 **박람회**는 항상 인기 있는 행사이다.) 빈출표현 exhibition fair (전시 박람회) job fair (취업 박람회)

008 Lift

들다, 들어올리다	(raise, elevate, hoist) He helped me **lift** the heavy box. (그는 내가 무거운 상자를 **들어올리는** 데 도와줬다.)
승강기	(elevator) We took the **lift** to the top floor. (우리는 **엘리베이터**를 타고 꼭대기 층으로 갔다.)
향상시키다	(boost, raise, enhance) The positive feedback will **lift** her spirits. (긍정적인 피드백은 그녀의 기분을 **향상시킬** 것이다.)
구속을 풀다, 제한을 없애다	(rescind, end) The government decided to **lift** the curfew. (정부는 통행금지를 해제하기로 결정했다.) 빈출표현 lift the ban (금지를 해제하다) lift the charges (혐의를 취소하다)

STEP 2 필수 다의어 101

009 Reserve

예약하다	(book, schedule, arrange) I would like to **reserve** a table for two at 7 PM. (저는 7시에 두 명을 위한 테이블을 **예약**하고 싶습니다.)
보유하다, 갖고 있다	(stock, supply, fund) He has a vast **reserve** of knowledge on the topic. (그는 그 주제에 대해 방대한 **지식**을 보유하고 있다.)
예비의	(backup, contingency, surplus) We kept a **reserve** supply of food in case of emergencies. (우리는 비상 사태를 대비해 **예비** 음식을 비축해 두었다.) * **RESERVED** 내성적인 (introverted, shy, reticent) She is very **reserved** and prefers spending time alone. (그녀는 매우 내성적이며, 혼자 시간을 보내는 것을 선호한다.) 빈출표현 reserved personality (내성적인 성격) 　　　　 reserved nature (내성적인 성격)

010 Vessel

배, 선박	(ship, boat, craft) The cargo **vessel** set sail at dawn. (화물 **배**는 새벽에 출항했다.)
용기	(container, jar) This **vessel** can hold up to five liters of water. (이 **용기**는 최대 5리터의 물을 담을 수 있다.)
혈관	(artery, vein) Arteries are blood **vessels** that carry blood from the heart. (동맥은 심장에서 혈액을 운반하는 혈액 **혈관**이다.) 빈출표현 blood vessel (혈관) 　　　　 capillary vessel (모세혈관)

011 Draw

그리다	(sketch, illustrate, depict) She loves to **draw** pictures of animals. (그녀는 동물들의 그림을 **그리는** 것을 좋아한다.)
끌다, 유도하다	(attract, pull, lure) The advertisement will **draw** more customers to the store. (그 광고는 더 많은 고객을 가게로 **끌어들일** 것이다.)
비기다, 무승부가 되다	(tie, even, equal) The game ended in a **draw** after 90 minutes. (경기는 90분 후에 **무승부**로 끝났다.)
뽑다, 추첨하다	We will **draw** the winner of the raffle tomorrow. (우리는 내일 추첨을 통해 당첨자를 뽑을 것이다.)
	빈출표현 Win the lucky draw (행운의 추첨에서 당첨되다)

012 Critical

비판적인	(judgmental, disapproving, harsh) He was very **critical** of the new policy. (그는 그 새로운 정책에 대해 매우 **비판적**이었다.)
위험한, 위기의	(grave, serious, urgent) The patient is in **critical** condition after surgery. (환자는 수술 후 **위독한** 상태에 있다.)
중대한, 중요한	(crucial, essential, vital) It's **critical** to submit the report before the deadline. (마감일 전에 보고서를 제출하는 것이 **중대**하다.)
	빈출표현 critical issue (중대한 문제) Critical period for development (발달에 있어 중요한 시기)

STEP 2 필수 다의어 101

013 Shape

형태, 모양	(form, configuration) The **shape** of the table is rectangular. (그 테이블의 **모양**은 직사각형이다.)
형성하다, 만들다	(form, mold, influence) The leader's vision will **shape** the future of the company. (그 리더의 비전은 회사의 미래를 **형성**할 것이다.)
상태, 상태의 모습	(condition, state, form) The building is in poor **shape** after the earthquake. (그 건물은 지진 후 **상태**가 매우 나쁘다.)

014 Sound

소리	(noise, tone, echo) I heard a loud sound coming from the kitchen. (나는 부엌에서 나는 큰 소리를 들었다.)
건강한, 좋은 상태	(healthy, fit, well, robust) A sound mind in a sound body. (건강한 신체에 건강한 정신이 깃든다.)
깊이 있는, 논리적인	(logical, reasoned, valid, solid, sensible) She gave a sound argument in the debate. (그녀는 토론에서 논리적인 주장을 했다.) **빈출표현** Sound asleep 깊은 잠, 숙면 (deep sleep)

015 Concern

우려, 걱정	(worry, anxiety, fear) The recent rise in pollution is a **concern** for many people. (최근 오염이 증가한 것은 많은 사람들의 **우려**거리이다.)
관심사, 중요사항	(issue, matter, topic) The **concern** of the meeting was how to increase revenue. (회의의 **중요사항**은 수익을 어떻게 늘릴 것인가였다.)

관련되다, 영향을 미치다	(affect, involve, relate to) The policy **concerns** all employees in the company. (그 정책은 회사의 모든 직원들에게 **관련**이 있다.)
사업, 회사	(Business, company, firm) The family-owned **concern** has been in business for over 50 years. (그 가족 소유의 회사는 50년 넘게 운영되고 있다.)

016 Promote

승진시키다	(advance, elevate, upgrade) She was **promoted** to the position of manager last week. (그녀는 지난주에 매니저로 **승진했다**.)
홍보하다, 장려하다	(advertise, publicize, encourage) We are working to **promote** environmental awareness. (우리는 환경 인식을 **홍보**하기 위해 노력하고 있다.)
촉진하다, 증진하다	(foster, stimulate, support) The new policy is meant to **promote** economic growth. (그 새로운 정책은 경제 성장을 **촉진**하려는 목적이다.)

017 Address

주소	(location, residence, place) Please provide your home **address** for the delivery. (배달을 위해 집 **주소**를 제공해 주세요.)
연설하다	(Orate, speak, lecture) The president will **address** the nation tonight.
호칭	(title) In formal settings, it's important to use the correct **address** when speaking to superiors. (격식 있는 자리에서는 상사에게 적절한 호칭을 사용하는 것이 중요하다.) 빈출표현 proper address (적절한 호칭) 　　　　　address someone by (~로 호칭하다)
다루다, 해결하다	(deal with, tackle, resolve) The manager will **address** the team's concerns in the meeting. (매니저는 회의에서 팀의 우려 사항을 **다룰** 것이다.) 빈출표현 address an issue (문제를 다루다)

STEP 2 필수 다의어 101

018 Manage

관리하다	(handle, oversee, administer, supervise) She is responsible for **managing** the marketing department. (그녀는 마케팅 부서를 **관리하는** 일을 맡고 있다.)
처리하다, 다루다	(cope with, deal with, handle) He knows how to **manage** a crisis effectively. (그는 위기를 효과적으로 **처리하는** 방법을 안다.)
경영하다	(direct, run, control) He will **manage** the new project from start to finish. (그는 새로운 프로젝트를 처음부터 끝까지 **경영**할 것이다.) *** MANAGEMENT** : 경영, 관리, 경영진 (executives, leadership, administration) The management decided to implement a new strategy for growth. (경영진은 성장을 위한 새로운 전략을 실행하기로 결정했다.) 빈출표현 Top management (최고 경영진) 　　　　　Middle management (중간 경영진)

019 Submit

제출하다	(hand in, turn in, provide) Please **submit** your application by Friday. (금요일까지 지원서를 **제출해** 주세요.)
복종하다, 따르다	(yield, surrender, comply) She was forced to **submit** to the authority of her supervisor. (그녀는 상사의 권위에 **복종할** 수밖에 없었다.)
제시하다, 제안하다	(present, offer, propose) He will **submit** his proposal for review. (그는 자신의 제안을 검토를 위해 **제시할** 것이다.)

020 Maintain

유지하다, 계속하다	(sustain, preserve, keep) It's important to **maintain** a healthy lifestyle. (건강한 생활 방식을 **유지하는** 것이 중요하다.)
주장하다	(claim, assert, affirm) He continued to **maintain** his innocence throughout the trial. (그는 재판 내내 자신의 무죄를 **주장했다**.)
	* MAINTANANCE : 유지 관리 The maintenance of the machinery is scheduled for next week to ensure optimal performance. (기계의 유지 관리는 최적 성능을 보장하기 위해 다음 주로 예정되어 있습니다.) 빈출표현 Preventive maintenance (예방 유지보수) Vehicle maintenance (차량 유지 관리)

021 Appreciate

감사하다	(thank, be grateful for) I really **appreciate** all your help with the project. (프로젝트에 대해 당신의 모든 도움에 진심으로 **감사한다**.)
이해하다, 가치를 알다	(recognize, understand, value) He didn't fully **appreciate** the complexity of the problem. (그는 그 문제의 복잡성을 완전히 **이해하지 못했다**.)
(가격이) 오르다	The value of the property has **appreciated** over the years. (그 부동산의 가치는 몇 년 동안 **상승했다**.)
	빈출표현 * 감사하다 appreciate + 사물 thank + 사람 + for 사물 당신의 호의에 진심으로 감사드립니다. → I truly appreciate your kindness. → I want to thank you for your kindness.

STEP 2 필수 다의어 101

022 Head

머리	He has a headache because he hit his head. (그는 머리를 부딪혔기 때문에 두통이 있다.)
우두머리, 장	(leader, chief, director, manager, principal) She is the head of the department. (그녀는 부서의 팀장이다.)
지휘하다	(lead, direct, manage, supervise) He heads the research team at the university. (그는 대학에서 연구 팀을 지휘하고 있다.)
항목, 범주, 목록	(categories, groups, classifications, sections, types) The various types of animals can be classified under six heads: mammals, birds, reptiles, amphibians, fish, and insects. (다양한 동물들은 여섯 가지 항목으로 분류될 수 있습니다: 포유류, 조류, 파충류, 양서류, 어류, 곤충)
~로 향하다	(make for, go, move, direct) We headed toward the park after lunch. (우리는 점심 후 공원으로 향했다.) Where are you headed this weekend? (이번 주말에 어디 가세요?) Where are you heading after class? (수업 후 어디 가세요?)

023 Shift

이동하다, 전환하다	(change, move, transfer) The company decided to **shift** its focus from local to international markets. (회사는 초점을 지역 시장에서 국제 시장으로 **전환**하기로 결정했다.)

교대 근무	(work period, rotation)
	He works the night **shift** at the hospital.
	(그는 병원에서 야간 **교대 근무**를 한다.)
	
	빈출표현 Work a shift (교대 근무를 하다)
	      Morning/Evening/Night shift (오전/오후/야간 근무)
	      Split shift (분할 교대 근무)

024 Resolution

결심, 결단	(decision, intention, goal) Her New Year's **resolution** is to exercise more. (그녀의 새해 결심은 더 많이 운동하는 것이다.)
해결책	(solution, answer, settlement) They found a peaceful **resolution** to the conflict. (그들은 갈등에 대한 평화로운 해결책을 찾았다.)
해상도	(clarity, definition, sharpness) The printer's **resolution** is 1200 DPI. (프린터의 해상도는 1200 DPI이다.) 빈출표현 High/low resolution (고해상도/저해상도) 　　　　　Display resolution (디스플레이 해상도) 참고 solution 해결책, 용액 acidic solution 산성 용액 concentrated solution 농축 용액 alcoholic solution 알콜성 용액

STEP 2 필수 다의어 101

025 Fee

요금, 수수료	(charge, cost, payment) There is a **fee** for using the parking lot. (주차장을 사용하는 데 **요금**이 부과된다.)
수수료, 보수	(rate, tariff, commission) The lawyer charges a **fee** for each consultation. (변호사는 각 상담에 대해 **수수료**를 부과한다.)

빈출표현 "비용" 정리

Cost (비용)
- Cost of production (생산 비용)
- Living cost (생활비)
- Operating cost (운영 비용)

Expense (경비, 비용)
- Travel expenses (여행 경비)
- Advertising expenses (광고 경비)
- Office operational expenses (사무실 운영 경비)

Price (가격, 비용)
- Product price (제품 가격)
- Service price (서비스 가격)
- Restaurant menu prices (레스토랑 메뉴 가격)
- Price index (물가지수)

Expenditure (지출)
- Government annual expenditure (정부 연간 지출)
- Personal expenditure (개인 지출)
- Public service expenditure (공공 서비스 지출)

Outlay (지출, 투자)
- Initial capital outlay (초기 투자 금액)
- Research and development outlay (연구 개발 지출)
- Infrastructure outlay (인프라 구축 지출)

Charge (요금, 청구금액)
- extra charge (추가 비용)
- Service charge (서비스 요금)
- Credit card charge (카드 결제 청구)
- Fuel surcharge (유류 할증료)
- Surcharge for extra baggage (추가 수하물 비용)

Fee (요금, 수수료)
- Registration fee (등록비)
- lawyer's fee (변호사 비용)
- Membership fee (회비)
- Entrance fee (입장료)

Toll (통행료, 비용)
- Highway toll (고속도로 통행료)
- Bridge toll (다리 통행료)
- Tunnel toll (터널 통행료)
- Toll gate (통행료 게이트)
- Toll-free number (무료 전화번호)

Fare (요금, 운임)
- Bus fare (버스 요금)
- Airplane fare (항공 운임)
- Taxi fare (택시 요금)

Rate (요금, 비율)
- Interest rate (이자율)
- Exchange rate (환율)
- Hourly rate (시간당 요금)
- hotel rate (호텔비)

Compensation (보상, 수당)
- Employee compensation (근로자 보상)
- Severance compensation (퇴직 보상)
- Accident compensation (사고 보상금)

026 Litter

쓰레기, 오물	(trash, garbage, refuse) Please don't **litter** in the park. (공원에 **쓰레기**를 버리지 마세요.)
어질러 놓다, 흩뜨리다	Don't **litter** the ground with your trash. (쓰레기로 땅을 어지럽히지 마세요.)

027 Complimentary

칭찬하는, 호의적인	(flattering, praiseworthy, laudatory) He gave a **complimentary** speech about her achievements. (그는 그녀의 업적에 대해 **칭찬하는** 연설을 했다.)
무료의, 증정되는	(free, gratis, at no charge) The hotel offers **complimentary** breakfast for its guests. (그 호텔은 고객들에게 **무료** 아침 식사를 제공한다.) 빈출표현 Complimentary service (무료 서비스) Complimentary drink (무료 음료)

STEP 2 필수 다의어 101

028 Save

구하다, 살리다	(rescue, protect, deliver) The firefighters managed to **save** the family from the burning house. (소방관들은 불타는 집에서 가족을 **구할** 수 있었다.)
저축하다	(set aside, store, conserve) It's important to **save** money for future needs. (미래의 필요를 위해 돈을 **저축하는** 것이 중요하다.)
절약하다	(economize, reduce, cut back) We can **save** energy by turning off lights when not in use. (사용하지 않을 때 불을 끄면 에너지를 **절약할** 수 있다.)
	* SAVINGS 저축 (Deposit, Reserves) She has been putting money into her **savings** account for years to prepare for her future. (그녀는 미래를 준비하기 위해 수년간 **저축** 계좌에 돈을 넣어왔습니다.)

029 Suspend

중지하다, 일시적으로 멈추다	(halt, interrupt, stop) The flight was **suspended** due to bad weather. (악천후로 비행이 **중지되었다**.)
정학시키다, 유예하다	(expel, bar, disqualify) He was **suspended** from school for a week. (그는 일주일 동안 학교에서 **정학당했다**.)
연기하다, 보류하다	(postpone, delay, defer) The meeting was **suspended** until further notice. (그 회의는 추가 공지가 있을 때까지 **보류되었다**.)

030 Bill

청구서	(invoice, statement, charge) The **bill** for the dinner came to $100. (저녁식사에 대한 **청구서**가 100달러였다.)
고지서	(invoice, receipt, statement) You need to pay your electricity **bill** by the end of the month. (이달 말까지 전기 **고지서**를 납부해야 한다.)
(새의) 부리	(beak) The bird used its **bill** to pick up food. (새는 부리로 음식을 집어 들었다.)
법안	(draft law, proposal, legislation, Act) The senator introduced a new **bill** on environmental protection. (상원 의원은 환경 보호에 관한 새로운 **법안**을 소개했다.) 빈출표현 Draft bill (초안 법안)　　Pending bill (보류 중인 법안) 　　　　 Introduce a bill (법안을 제안하다)

031 Assess

평가하다, 판단하다	(evaluate, judge, appraise) The teacher will **assess** the students' performance after the test. (교사는 시험 후 학생들의 성과를 **평가할** 것이다.)
사정하다, 측정하다	(estimate, calculate, gauge) The insurance company needs to **assess** the damage before processing the claim. (보험회사는 청구 절차를 진행하기 전에 피해를 **평가해야** 한다.)
가치 평가하다	(appraise, value, judge) We need to **assess** the value of the property before buying it. (우리는 그 property를 사기 전에 그 가치를 **평가해야** 한다.)

STEP 2 필수 다의어 101

032 Official

공식적인	(formal, authorized, recognized) The **official** announcement will be made tomorrow. (공식적인 발표는 내일 이루어질 것이다.)
직위, 직책의	(designated, appointed, recognized) The **official** duties of the president include managing the country. (대통령의 **직책**에는 나라를 관리하는 것이 포함된다.)
공무원	(bureaucrat, civil servant, administrator, public servant) He works as an **official** in the government. (그는 정부의 **공무원**으로 일한다.)

033 Proceed

진행하다, 계속하다	(continue, advance, move forward) We can now **proceed** with the meeting. (이제 회의를 **진행할** 수 있다.)
소송을제기하다	(initiate, begin, file) They decided to **proceed** with legal action. (그들은 법적 조치를 **취하기로** 결정했다.)
나아가다, 이동하다	(go, move, head) Please **proceed** to the next step in the process. (프로세스의 다음 단계로 **진행하세요**.) * **PROCEEDS** 수익금 (revenue, earnings, income) The **proceeds** from the charity event will be donated to cancer research." (자선 행사에서 발생한 수익금은 암 연구에 기부될 것입니다.)

034 **Promotion**

승진	(advancement, elevation, upgrade) She received a **promotion** to manager after five years of hard work. (그녀는 5년 간의 노력 끝에 **승진**하여 매니저가 되었다.)
홍보, 판촉	(advertising, campaign, special offer) The company launched a new **promotion** to increase sales. (회사는 매출 증대를 위해 새로운 **판촉**을 시작했다.)
촉진, 장려	(encouragement, support, advancement) The promotion of healthy living is a key part of the program. (건강한 생활을 **촉진하는** 것은 프로그램의 핵심 부분이다.)

035 **Conduct**

행동하다, 처리하다	(lead, manage, oversee) She will **conduct** the interview for the new position. (그녀는 새로운 직책에 대한 면접을 **진행할** 것이다.)
행동, 태도	(behavior, demeanor, actions) "His **conduct** during the meeting was professional." (회의 중 그의 **태도**는 전문적이었다.)
시행하다, 진행하다	(perform, carry out, execute) "The scientists will **conduct** experiments to test the hypothesis." (과학자들은 가설을 테스트하기 위해 실험을 **진행할** 것이다.)

036 **Sign**

서명하다	(autograph, mark, signature) Please **sign** the form at the bottom. (아래에서 서류에 **서명해** 주세요.)
징후, 표시	(indication, signal, symptom) The dark clouds are a **sign** of a storm. (어두운 구름은 폭풍의 **징후**이다.)
간판, 표지판	(board, placard, notice) There is a **sign** on the door that says 'Closed'. (문에 '닫힘'이라는 **간판**이 있다.)

STEP 2 필수 다의어 101

037 Spot

장소, 지점	(location, place, area) This is a great **spot** for a picnic. (여기는 소풍하기에 좋은 **장소**다.)
발견하다, 찾아내다	(detect, notice, observe) She could **spot** the mistake right away. (그녀는 실수를 바로 **찾아낼** 수 있었다.)
반점, 얼룩	(stain, mark) There was a **spot** of paint on the floor." (바닥에 **페인트 자국**이 있었다.) * **SPOTLESS 무결점의** (flawless, immaculate) She kept her house **spotless**, with everything in perfect order. (그녀는 집을 아주 깨끗하게 유지했으며, 모든 것이 완벽하게 정리되어 있었습니다.)

038 Measure

측정하다	(gauge, calculate, assess) We need to **measure** the room before buying furniture. (가구를 사기 전에 방의 크기를 **측정해야** 한다.)
척도, 기준	(standard, benchmark, criterion) Success is often **measured** by financial gain. (성공은 종종 재정적 이득으로 **측정된다**.)
조치, 조정	(action, step, procedure) The government is taking **measures** to reduce pollution. (정부는 오염을 줄이기 위한 **조치**를 취하고 있다.) 빈출표현 safety measures (안전 조치) 　　　　　security measures (보안 조치) 　　　　　austerity measures (긴축 조치)

039 Period

기간	(duration, term, span) She worked in the company for a short **period** of time. (그녀는 짧은 **기간** 동안 회사에서 일했다.)
시기, 시대	(era, age, epoch) The Renaissance was a cultural **period** in Europe. (르네상스는 유럽의 문화적 **시기**였다.)
마침표, 끝	(dot, punctuation) He ended the sentence with a **period**. (그는 문장을 **마침표**로 끝냈다.)

040 Figure

모양, 형태	(shape, form, outline) "The artist created a beautiful **figure** in clay." (그 예술가는 점토로 아름다운 모양을 만들었다.)
인형	She collects antique porcelain **figures** from the 18th century." (그녀는 18세기 앤티크 도자기 인형을 수집한다.)
인물	(person, personality, character) "She is a prominent figure in the world of science." (그녀는 과학계의 저명한 인물이다.) 빈출표현 governmental figures (정부 인사들) 　　　　　public figures (공인, 유명 인물들) 　　　　　key figures (핵심 인물들)
계산하다, 이해하다	(work out, calculate, determine) I need to figure out how much the trip will cost before I book the tickets." (나는 티켓을 예약하기 전에 여행 비용이 얼마인지 계산해야 한다.)
수치, 숫자	(number, statistic, amount) "The **figure** for the sales in 2023 is expected to exceed last year's." (2023년의 판매 수치는 전년 수치를 초과할 것으로 예상된다.) 빈출표현 statistical figure (통계 수치) 　　　　　figure in the report (보고서 속 수치) 　　　　　Government figures (정부 발표 수치, 정부 통계)

STEP 2 필수 다의어 101

041 Lead

이끌다, 인도하다	(guide, direct, oversee) "She will lead the project team in the next phase." (그녀는 다음 단계에서 프로젝트 팀을 이끌 것이다.)
주요한, 중요한	(primary, principal, key) "He played a lead role in the negotiations." (그는 협상에서 주요한 역할을 했다.)
납 (화학 원소)	"The pipes in older houses may contain lead." (오래된 집의 파이프에는 납이 포함되어 있을 수 있다.)

042 Development

발전, 발달, 성장	(growth, progress, expansion) "The city has seen rapid development over the past decade." (그 도시는 지난 10년 동안 빠른 발전을 겪었다.) 빈출표현 Child development (아동 발달) 　　　　　Developmental Psychology (발달 심리학) 　　　　　developmental process (발달 과정)
개발	(creation, innovation, improvement) "The company is focused on the development of new software." (그 회사는 새로운 소프트웨어의 개발에 집중하고 있다.)
상황의 전개	(progression, unfolding, growth) "The development of the story was unexpected." (이야기의 전개는 예상 밖이었다.)
발병	The development of cancer was linked to prolonged exposure to carcinogens in the workplace. (암 발병은 직장에서 발암 물질에 장기간 노출된 것과 관련이 있었습니다.) 빈출표현 Development of diabetes (당뇨병 발병) 　　　　　Development of symptoms (증상의 발병)

043 Attraction

매력	(charm, appeal, allure) "The city's historical landmarks are a major attraction for tourists." (이 도시의 역사적인 명소는 관광객들에게 주요한 매력이다.)
끌어당김, 인력	(pull, draw, magnetism) "There is a strong magnetic attraction between the two objects." (두 물체 사이에는 강한 자기 끌어당김이 있다.)
관광지, 명소, 명물	(site, landmark, monument) "The Eiffel Tower is one of the most famous tourist attractions in the world." (에펠탑은 세계에서 가장 유명한 관광 명소 중 하나이다.) 빈출표현 Tourist attraction (관광 명소) 　　　　Main attraction (주요 명소) 　　　　Popular attraction (인기 있는 명소)

044 Account

설명, 보고	(report, description, narrative) "The witness gave an account of the accident." (목격자는 사고에 대한 보고를 했다.)
설명하다	(explain, describe, clarify) "He was asked to account for his actions during the meeting." (그는 회의 중 자신의 행동에 대해 설명을 요구받았습니다.)
중요성	(regard, consideration, value) "Customer satisfaction is the top priority in our account." (고객 만족은 우리의 중요한 고려사항이다.)
계좌	(bank account, deposit, register) "She opened a new account at the bank." (그녀는 은행에 새 계좌를 개설했다.) 빈출표현 bank account (은행 계좌) 　　　　savings account (저축 계좌) 　　　　checking account (당좌 계좌)

STEP 2 필수 다의어 101

045 Balance

균형, 균형잡기	(equilibrium, stability, harmony) "She struggled to maintain a balance between work and personal life." (그녀는 일과 개인 생활 사이의 균형을 유지하기 위해 고군분투했다.)
지불, 대차	(financial statement, ledger, account) "The company's balance sheet is reviewed quarterly." (회사의 대차대조표는 분기마다 검토된다.)
잔액	(amount, remainder, sum) "Check your bank balance before making the payment." (지불을 하기 전에 은행 잔액을 확인하세요.) **빈출표현** account balance (계좌 잔액) bank balance (은행 잔액) current balance (현재 잔액) closing balance (마감 잔액)

046 Change

변화, 변동	(transformation, alteration, shift) "The company underwent significant change after the merger." (회사는 합병 후 중요한 변화를 겪었다.)
교환하다, 바꾸다	(replace, modify) "I need to change my clothes before the meeting." (미팅 전에 옷을 갈아입어야 한다.)
동전, 잔돈	(coins, small money, spare change) "Do you have any change for a dollar?" (1달러에 대한 잔돈이 있나요?) **빈출표현** loose change (자투리 동전, 잔돈) exact change (딱 맞는 잔돈) spare some change for a bus fare (버스비를 위한 잔돈을 주다)

047 Charge

청구하다, 요금을 부과하다	(bill, invoice, fee) "They charged me $20 for the service." (그들은 서비스에 대해 나에게 20달러를 청구했다.)
책임을 지다	(responsible, oversee, direct) "He is in charge of managing the team." (그는 팀 관리에 책임을 지고 있다.)
공격하다	(assault, attack, strike) "The soldiers were ordered to charge the enemy." (병사들은 적에게 돌격하라는 명령을 받았다.)
비용	(fee, cost, toll) The charge for the concert ticket includes access to all events throughout the day. (콘서트 티켓의 비용은 하루 동안 모든 행사에 대한 입장을 포함합니다.)
충전하다	(fill up, power up) I need to charge my phone battery. (나는 내 폰의 배터리를 충전해야 돼.)

048 Benefit

혜택, 이점	(advantage, perk, gain) "The new policy offers several benefits to employees." (새 정책은 직원들에게 여러 가지 혜택을 제공한다.)
이득을 얻다	(gain, profit, receive) "They benefited from the new tax breaks." (그들은 새로운 세금 감면 혜택을 받았다.)
복지, 수당	(welfare, allowance, entitlement) "Healthcare is a part of the employee benefits package." (건강 보험은 직원 복지 패키지의 일부이다.) 빈출표현 fringe benefit (복리후생) 　　　　　social benefits (사회 복지)

STEP 2 필수 다의어 101

049 Capital

자본, 자산	(funds, resources, investment) "The company is looking for capital to fund its expansion." (회사는 확장을 위한 자본을 찾고 있다.)
수도	(metropolis, center, city) "London is the capital of the United Kingdom." (런던은 영국의 수도이다.)
주요한, 중요한	(prime, key, critical) "The capital importance of the new system cannot be overstated." (새 시스템의 중요성은 아무리 강조해도 지나치지 않다.)
대문자	Remember to use a capital letter at the beginning of each sentence. (각 문장의 시작 부분에 대문자를 사용하는 것을 기억하세요.)
사형의	(death penalty, execution) He was sentenced to capital punishment for his crimes." (그는 범죄로 사형 선고를 받았다.)
	빈출표현 capital punishment 사형 human capital 인적 자원 social capital 사회적 자본

050 Agent

대리인, 중개인	(representative, broker, intermediary) "The agent helped me find a new apartment." (그 대리인이 나에게 새로운 아파트를 찾는 데 도움을 주었다.)
비밀 요원	(spy, operative, secret agent) "The agent worked undercover to gather intelligence." (그 비밀 요원은 정보를 수집하기 위해 잠입 작전을 했다.)
원인, 동기	(factor, cause, catalyst) "Lack of communication can be an agent of conflict in a team." (소통 부족은 팀 내 갈등의 원인이 될 수 있다.)
행위자	As a moral agent, she is responsible for making ethical decisions. (도덕적 행위자로서, 그녀는 윤리적인 결정을 내릴 책임이 있다.)

물질	(substance, compound, factor) "She used a powerful cleaning agent to remove the stains from the carpet." (그녀는 카펫에서 얼룩을 제거하기 위해 강력한 세척제를 사용했다.) 빈출표현 cleaning agents (세척제) oxidizing agents (산화제) disease-causing agent (병원균)

051 Condition

상태, 상황	(state, shape, status) "The car is in excellent condition after the repairs." (수리 후 그 차는 훌륭한 상태에 있다.)
질병	(illness, disease, ailment) "He is suffering from a chronic health condition." (그는 만성적인 건강 질병에 시달리고 있다.)
조건, 조항	(requirement, stipulation, term) "The job offer comes with the condition that you relocate." (그 직업 제안은 이사를 가는 조건이 붙어 있다.) 빈출표현 Terms and conditions (이용 약관) Condition of agreement (계약 조건) Condition for termination (해지 조건)

052 Contract

계약, 협정	(agreement, deal, arrangement) "They signed a contract for a one-year lease on the apartment." (그들은 그 아파트에 대한 1년 임대 계약을 체결했다.)
계약을 맺다	(hire, engage, appoint) "We decided to contract a new supplier for the project." (우리는 그 프로젝트를 위해 새로운 공급업체와 계약을 맺기로 결정했다.)
수축하다, 축소되다	(shrink, compress, condense) "The metal will contract as it cools." (그 금속은 식으면 수축할 것이다.)
병 걸리다	(develop, come down with, catch) "She contracted pneumonia after being exposed to the cold weather." (그녀는 추운 날씨에 노출된 후 폐렴에 걸렸다.)

STEP 2 필수 다의어 101

053 Dividend

배당금	(profit share, payout, return) "The company declared a quarterly dividend for its shareholders." (그 회사는 주주들에게 분기별 배당금을 선언했다.)
결과, 영향	(benefit, payoff, outcome) "The dividends of their hard work will show in the long term." (그들의 노력의 결과는 장기적으로 드러날 것이다.)
이익	(profit, gain, return) "Investing in stocks may lead to significant dividends over time." (주식에 투자하면 시간이 지남에 따라 상당한 이익을 얻을 수 있다.) 빈출표현 Pay a dividend (배당금을 지급하다) Dividend yield (배당금 수익률)

054 Duty

의무, 책임	(responsibility, obligation, task) "It is your duty to report any suspicious activity." (의심스러운 활동을 보고하는 것은 너의 의무이다.)
직무, 업무	(job, role, task) "The nurse is on duty at the hospital tonight." (간호사는 오늘 밤 병원에서 근무 중이다.)
세금	(tax, tariff, levy) "The government imposed a high duty on imported goods." (정부는 수입품에 높은 세금을 부과했다.) 빈출표현 import duty (수입 세금) duty-free 면세

055 Interest

흥미, 관심	(curiosity, attention, fascination) "He has a strong interest in environmental conservation." (그는 환경 보호에 강한 흥미를 가지고 있다.)

흥미를 끌다	I have been interested in photography for years. (나는 수년 동안 사진 촬영에 관심이 있었다.)	
이익	(benefit, advantage, gain) "The deal is in the best interest of the company." (그 거래는 회사의 이익에 가장 적합하다.)	
이자	(return, earnings, yield) "The bank offers a low interest rate on savings accounts." (그 은행은 저축 계좌에 낮은 이자율을 제공한다.) 빈출표현 Interest rate (이자율) Compound interest (복리 이자) Interest on the principal (원금에 대한 이자)	

056 Return

돌아오다, 되돌아가다	(give back, bring back, return) "I will return the book to the library tomorrow." (내일 그 책을 도서관에 반납할 것이다.)
복귀하다, 돌아가다	(come back, go back, resume) "She will return to work after her vacation." (그녀는 휴가 후에 직장에 복귀할 것이다.)
수익, 이익	(profit, gain, yield) "The return on investment was higher than expected." (투자 수익은 예상보다 더 높았다.)

057 Function

기능, 역할	(role, purpose, task) "The main function of this device is to measure temperature." (이 장치의 주요 기능은 온도를 측정하는 것이다.)
수학적 함수	(operation, relation, map) "The equation represents a linear function." (이 방정식은 선형 함수를 나타낸다.)
행사, 의식	(event, gathering, affair) The hall provided a venue for weddings and other functions. (그 홀은 결혼식이나 다른 행사들을 위한 장소가 되어 주었다.)

STEP 2 필수 다의어 101

058 Deliver

배달하다	(transport, send, drop off) "The courier will deliver the package tomorrow." (택배 기사는 내일 그 소포를 배달할 것이다.)
전달하다, 말하다	(present, give, provide) "The speaker will deliver the keynote address at the conference." (연설자는 회의에서 기조 연설을 전달할 것이다.)
출산하다	(give birth to, bring into the world, bear) "The doctor helped her deliver the baby safely." (의사는 그녀가 아기를 안전하게 출산할 수 있도록 도왔다.)

059 Movement

움직임, 이동	(motion, shift, action) "There was a lot of movement in the crowd during the concert." (콘서트 중 군중에서 많은 움직임이 있었다.)
조직적 변화, 전환	(shift, trend, evolution) "The political movement gained momentum over time." (그 정치적 운동은 시간이 지나면서 탄력을 받았다.)
운동, 활동	(campaign, initiative, cause) "The civil rights movement was a turning point in history." (시민권 운동은 역사적인 전환점이었다.) 빈출표현 Social movement (사회 운동) 　　　　 Civil Rights Movement (민권운동/흑인 인권 운동) 　　　　 Political movement (정치 운동)

060 Rate

속도, 비율	(speed, pace, tempo) "The heart rate of the patient increased during exercise." (환자의 심박수는 운동 중에 증가했다.)

평가하다, 점수 매기다	(evaluate, assess, judge) "The critics rated the movie highly for its direction." (평론가들은 그 영화의 감독을 높게 평가했다.)
요금, 가격	(charge, fee, price) "The hotel rates vary depending on the season." (호텔 요금은 계절에 따라 다르다.) 빈출표현 exchange rate (환율) 　　　　interest rate (이자율) 　　　　unemployment rate (실업률) 　　　　rental rate 임대료 　　　　hourly rate 시급

061 Scale

규모, 정도	(size, scope, extent) "The company expanded on a global scale." (그 회사는 글로벌 규모로 확장했다.)
저울, 측정기	(balance, gauge, meter) "Please weigh the items on the scale." (물품들을 저울에 올려서 무게를 재세요.)
비늘	(shard) "The fish had shiny scales that reflected the light." (그 물고기는 빛을 반사하는 반짝이는 비늘을 가지고 있었다.)
확대하다	scale up (expand, increase, grow) "The company plans to scale up its operations in Asia next year." (그 회사는 내년에 아시아에서 사업을 확장할 계획이다.)
축소하다	scale down (reduce, minimize, shrink) "Due to the budget cuts, we had to scale down the project." (예산 삭감으로 인해 우리는 프로젝트 규모를 축소해야 했다.)

STEP 2 필수 다의어 101

062 Substance

물질, 재료	(material, matter, element) "The scientist discovered a new substance in the lab." (그 과학자는 실험실에서 새로운 물질을 발견했다.)
핵심, 본질	(essence, core, gist) "The substance of the argument was not clear." (그 주장의 핵심은 명확하지 않았다.)
실질적 가치, 중요성	(importance, weight, significance) "The meeting lacked substance and did not lead to any decisions." (그 회의는 실질적인 내용이 부족하고 아무 결정도 내리지 않았다.)

063 Handle

손잡이	(grip, knob, latch) "The handle of the door was broken." (문의 손잡이가 부서졌다.)
책임지다, 맡다	(oversee, supervise, manage) "He was asked to handle the marketing campaign." (그는 마케팅 캠페인을 맡아달라는 요청을 받았다.)
처리하다, 다루다	(manage, deal with, cope with) / take care of "She knows how to handle difficult customers." (그녀는 어려운 고객들을 어떻게 처리할지 안다.) **참고** **hand** 손, (시계) 바늘, 도움, 건네주다 give a hand 돕다, 박수치다 second hand 초침

064 Test

시험, 테스트	(exam, quiz, assessment) "The students took a test on the material they studied." (학생들은 그들이 공부한 자료에 대한 시험을 치렀다.)
실험	(experiment, trial, procedure) "The scientists conducted a test to prove their hypothesis." (과학자들은 그들의 가설을 증명하기 위해 실험을 했다.)
시험하다, 검사하다	(evaluate, assess, try) "We need to test the product before launching it." (우리는 제품을 출시하기 전에 시험을 해야 한다.) 빈출표현　test positive (검사에서 양성 반응을 보이다) 　　　　　test negative (검사에서 음성 반응을 보이다)

065 Frequency

빈도, 자주 일어남	(rate, occurrence, regularity) "The frequency of meetings has increased this year." (회의의 빈도가 올해 증가했다.)
빈도수, 발생률	(incidence, occurrence, rate) "The frequency of accidents on this road is alarming." (이 도로에서 사고가 발생하는 빈도수가 우려된다.)
진동수, 주파수	(wave, signal, resonance) "The radio station broadcasts on a high frequency." (그 라디오 방송국은 높은 주파수에서 방송한다.)

066 Act

행동, 행위	(action, deed, behavior) "His act of kindness was appreciated by everyone." (그의 친절한 행위는 모두에게 감사받았다.)
연기하다, 역할을 하다	(perform, portray, play) "She decided to act in the school play." (그녀는 학교 연극에서 연기하기로 결정했다.)
법령, 법률	(law, statute, regulation) "The Act requires all businesses to adhere to environmental standards." (그 법령은 모든 기업이 환경 기준을 준수해야 한다고 요구한다.)

STEP 2 필수 다의어 101

067 Challenge

도전, 과제	(obstacle, difficulty, test) "Starting a new business is a big challenge." (새로운 사업을 시작하는 것은 큰 도전이다.)
이의를 제기하다, 도전하다	(dispute, contest, oppose) "He decided to challenge the decision in court." (그는 법원에서 그 결정을 도전하기로 결정했다.)
도전 과제를 제시하다	(test, provoke, stimulate) "The teacher asked the students to challenge themselves in the competition." (선생님은 학생들에게 경쟁에서 스스로를 도전하라고 요청했다.)
난관	(obstacle, difficulty, test) "The team faced a major challenge during the final match." (그 팀은 마지막 경기에서 큰 난관에 직면했다.)

068 Claim

주장하다, 요구하다	(assert, state, maintain) "He claimed to have seen the suspect at the scene of the crime." (그는 범죄 현장에서 용의자를 보았다고 주장했다.)
청구하다, 보상 요청	(request, demand, seek) "You can claim your lost luggage at the airline's counter." (분실된 수하물은 항공사의 카운터에서 청구할 수 있다.)
(소유권을) 주장하다	(assert ownership, take possession of, seize) "He claimed the property as his own." (그는 그 재산을 자신의 것으로 주장했다.)
빼앗다, 앗아가다	(take) "The storm claimed many lives in the coastal village." (그 폭풍은 해안 마을에서 많은 생명을 앗아갔다.)

069 Code

암호, 코드	(cipher, encryption, key) "The message was written in a secret code." (그 메시지는 비밀 암호로 작성되었다.)
프로그램 코드	(script, programming language, software) "The developer wrote the code to fix the bug." (개발자는 버그를 수정하기 위해 코드를 작성했다.)
법규, 규범	(law, standard, rule) "The company follows a strict code of ethics." (그 회사는 엄격한 윤리 규범을 따른다.)
규정, 기준	(guideline, regulation, requirement) "The school has a strict dress code." (그 학교는 엄격한 드레스 코드를 갖고 있다.) 빈출표현 dress code

070 Order

명령, 명령하다	(command, instruction, directive) The general gave an order to advance. (장군은 전진하라는 명령을 내렸다.)
주문, 주문하다	(request, ask for, purchase) I would like to order a coffee, please. (저는 커피를 주문하고 싶어요.)
질서	"The teacher asked the students to maintain order during the exam." (선생님은 시험 중에 학생들이 질서를 유지하도록 요청했습니다.)
순서	(sequence, arrangement, hierarchy) Please arrange the books in alphabetical order. (책들을 알파벳 순서대로 정리해주세요.) 빈출표현 birth order (출생 순서) 　　　　　in order (순서대로) 　　　　　order of events (사건의 순서) 　　　　　chronological order (시간 순서) 　　　　　reversed order (역순) ＊ WISE 현명한, (고어) 방향 　Clockwise (시계방향) 　Counterclockwise (반시계방향) 　Sidewise (옆으로) 　likewise (마찬가지로, 같이) 　Otherwise (그렇지 않으면, 다르게)

STEP 2 필수 다의어 101

071 Issue

판본, 간행물	(edition, volume, publication) The latest issue of the magazine features an exclusive interview with the author." (이 잡지의 최신 호에는 작가와의 독점 인터뷰가 실려 있습니다.)
발행하다, 발표하다	(release, publish, distribute) The magazine will issue a special edition next month. (그 잡지는 다음 달에 특별판을 발행할 것이다.)
(법적) 소송	(lawsuit, case, dispute) The two parties are in dispute over the issue of ownership. (양 당사자는 소유권에 대한 소송 중이다.)
문제, 사안	(problem, concern, topic) The company addressed the issue of employee satisfaction. (회사는 직원 만족도에 관한 문제를 다뤘다.) **빈출표현** address an issue (문제를 다루다) raise an issue (문제를 제기하다)

072 Case

상자, 케이스	(container, box, crate) I put the documents in a storage case. (나는 문서들을 보관 상자에 넣었다.)
사례, 경우	(example, instance, situation) This case illustrates the importance of teamwork. (이 사례는 팀워크의 중요성을 보여준다.)
소송, 사건	(lawsuit, legal matter, trial) The lawyer is preparing a case for court. (변호사는 법정을 위한 사건을 준비하고 있다.)
사실, 진상	(fact) "She thought the meeting was at 3 PM, but that is not the case; it's actually scheduled for 5 PM." (그녀는 회의가 오후 3시에 있을 거라고 생각했지만, 사실은 그렇지 않다; 실제로는 오후 5시에 예정되어 있다.) **빈출표현** That is not the case (그렇지 않다. / 그런 상황이 아니다.)

073 Board

판, 보드	(panel, slate, surface) The teacher wrote the notes on the board. (선생님은 보드에 노트를 썼다.)
탑승하다	(enter, embark, get on) We are ready to board the flight. (우리는 비행기를 탑승할 준비가 되었다.)
살다 (기숙사/하숙)	(reside, stay) She always had one or two students boarding with her. (그녀는 항상 한 두 명의 학생들을 하숙을 쳤다.)
이사회, 위원회	(committee, council, panel) The board of directors met to discuss the budget. (이사회는 예산을 논의하기 위해 만났다.)
빈출표현	board and lodging (숙식 제공) room and board (숙박과 식사) on board 탑승 중인; (프로젝트 등에서) 참여하는 board of directors (이사회, 이사들) board meeting (이사회 회의)

074 Commit

헌신하도록하다, 전념시키다	(devote, dedicate, pledge) She decided to commit herself to the project. (그녀는 프로젝트에 전념하기로 결심했다.)
범죄를 저지르다	(perpetrate, engage in, carry out) He was arrested for committing a crime. (그는 범죄를 저질러 체포되었다.)
약속하다, 의무를 다하다	(promise, agree, obligate) They committed to finishing the work on time. (그들은 일을 제시간에 끝내겠다고 약속했다.)
빈출표현	commit suicide (자살하다) commitment to ~ing (~에 대한 헌신/~에 대한 약속) commit to paper (종이에 적다, 기록하다)

STEP 2 필수 다의어 101

075 File

파일, 서류	(document, record, folder) Please save the document in the appropriate file. (문서를 적절한 파일에 저장해주세요.)
파일을 정리하다	(organize, categorize, sort) She needs to file the papers in alphabetical order. (그녀는 서류를 알파벳 순으로 정리해야 한다.)
제기하다, 제출하다	(submit, register, lodge) They decided to file a complaint with the company. (그들은 회사에 불만을 제기하기로 결정했다.) 빈출표현 file a complaint (민원을 제기하다) file a report (보고서를 제출하다, 제출하다)

076 Fine

벌금	(penalty, charge, fee) He had to pay a fine for parking illegally. (그는 불법 주차로 벌금을 내야 했다.)
좋은, 훌륭한	(excellent, great, wonderful) The weather looks fine today. (오늘 날씨는 좋다.)
세밀한, 미세한	(delicate, subtle, intricate) The artist used a fine brush for the detailed painting. (그 예술가는 세밀한 그림을 그리기 위해 미세한 붓을 사용했다.) 빈출표현 fine dust 미세 먼지 fine particles 미세 입자 fine lines 미세한 주름, 주름살

077 Current

현재의	(present, existing, contemporary) The current situation is very challenging. (현재 상황은 매우 도전적이다.)
지금의, 최신의	(ongoing, recent, up-to-date) What is your current job? (당신의 현재 직업은 무엇인가요?)
흐름, 전류, 해류, 기류	(flow, stream, tide) The river's current is very strong. (강의 흐름은 매우 강하다.) 빈출표현　electric current (전류) 　　　　　ocean current (해류)

078 Right

옳은, 맞는	(correct, accurate, proper) She made the right decision to study abroad. (그녀는 유학 가는 옳은 결정을 내렸다.)
권리	(entitlement, privilege, freedom) Every citizen has the right to vote. (모든 시민은 투표할 권리가 있다.)
오른쪽	(right side, east, clockwise) Take a turn to the right after the light. (신호등에서 오른쪽으로 돌세요.) 빈출표현　right away (즉시) 　　　　　right on (정확하게, 맞아요!) 　　　　　right on time (정시에, 딱 맞춰서)

STEP 2 필수 다의어 101

079 Cover

덮다, 가리다	(conceal, shield, protect) She used a blanket to cover the bed. (그녀는 침대를 덮기 위해 이불을 사용했다.)
덮개, 표지	(lid, casing, wrapper) The book had a beautiful cover design. (그 책은 아름다운 표지 디자인을 가지고 있었다.)
보도하다	I covered a fire for a paper, gathering all the details for the report. (나는 신문 기사를 위해 화재를 다루며, 보고서를 위한 모든 세부사항을 수집했다.)
보장하다, 대체하다	(insure, protect, reimburse) The insurance will cover the medical expenses. (보험이 의료비를 보장할 것이다.) 빈출표현 cover for (누군가를 대신해) 책임지다, 대신하다 　　　　　cover as ~로서 다루다 　　　　　under cover 비밀리에, 은밀히

080 Present

현재의	(current, existing, ongoing) The present situation requires immediate action. (현재 상황은 즉각적인 조치를 요구한다.)
선물	(gift, offering, donation) She received a birthday present from her friend. (그녀는 친구에게 생일 선물을 받았다.)
제시하다, 발표하다	(introduce, submit, offer) He will present the new proposal at the meeting. (그는 회의에서 새로운 제안을 발표할 것이다.)

081 Respect

존경, 경의	(admiration, esteem, honor) I have great respect for his achievements. (나는 그의 업적에 대해 큰 존경을 가지고 있다.)
존중하다, 대우하다	(honor, value, regard) You should always respect your elders. (항상 어른들을 존중해야 한다.)
관계, 관련	(regard, relation, reference) This issue is not directly related to the respect of the law. (이 문제는 법의 존중과 직접적인 관련이 없다.)
빈출표현	with all due respect 귀하를 존경해마지 않지만, in respect of ~에 관해서 with respect to ~에 관해서 in this respect (이와 같은 점에서) mutual respect 상호존중

082 Operation

작동, 운영	(functioning, running, performance) The operation of the machine was smooth and efficient. (기계의 작동은 원활하고 효율적이었다.)
작전, 활동	(mission, campaign, maneuver) The military launched a covert operation to capture the enemy. (군은 적을 포획하기 위한 은밀한 작전을 시작했다.)
수술	(surgery, procedure, treatment) The doctor performed a heart operation on the patient. (의사는 환자에게 심장 수술을 시행했다.)

083 Apply

지원하다	(submit, request, seek) She decided to apply for the job opening. (그녀는 그 직무에 지원하기로 결심했다.)
적용하다	(use, implement, enforce) Please apply the new rules to all cases. (모든 경우에 새로운 규칙을 적용하세요.)
발휘하다, 노력하다	(dedicate, exert, focus) He will apply himself to the project to ensure success. (그는 프로젝트에 성공을 보장하기 위해 노력할 것이다.)
바르다	(put on, spread, rub) "She applied sunscreen to her face before going outside." (그녀는 밖에 나가기 전에 얼굴에 선크림을 발랐어요.)
갖다 대다	(place, position, attach) Apply the ice to your wounded knee. (부상당한 무릎에 얼음을 가져다 대세요.)

084 Utility

기능, 유용성	(usefulness, benefit, effectiveness) "The **utility** of this new software is evident in how much time it saves." (이 새로운 소프트웨어의 유용성은 시간을 얼마나 절약하는지에서 분명히 드러납니다.)
도구, 기구	(tool, instrument, apparatus) "A Swiss army knife is a versatile **utility** tool for outdoor activities." (스위스 군용 나이프는 야외 활동을 위한 다용도 도구입니다.)
공공 서비스, 공공 시설	(public service, facility) "The **utility** company is scheduled to perform maintenance on the power grid." (전력 회사는 전력망에 대한 유지보수를 수행할 예정입니다.) 빈출표현 utility bills (공공요금) 　　　　 utility services (공공 서비스) 　　　　 utility scale (대규모 공공 서비스) 　　　　 utility vehicle (다목적 차량)

085 compromise

타협하다, 양보하다	(negotiate, concede, settle) "After hours of negotiation, both sides agreed to **compromise** on the terms of the deal." (몇 시간의 협상 끝에 양측은 거래 조건에 대해 타협하기로 합의했습니다.)
위험에 처하게 하다, 손상되다	(undermine, jeopardize, endanger) "He refused to **compromise** his integrity for personal gain." (그는 개인적인 이익을 위해 자신의 성실성을 손상시키기를 거부했습니다.)

086 Front

앞부분, 정면	(facade, face, exterior) "The **front** of the building looks very modern." (그 건물의 정면은 매우 현대적으로 보입니다.)
전선, 전투 지역 (특히 군사)	(Combat zone, Warzone) "The soldiers were stationed on the **front** lines of the battle." (병사들은 전투의 최전선에 배치되었습니다.)
기단, 전선	"A cold front is moving in from the north." (찬 기단이 북쪽에서 다가오고 있다.)
전면적인, 총체적인	(direct, straightforward, bold) "The company launched a front approach to tackle the issue" (그 회사가 문제 해결을 위하여 총체적인 접근 방식을 시작했다.)

087 Appeal

간청, 호소	(plea, request, entreaty) "She made an **appeal** for donations to help the homeless." (그녀는 홈리스들을 돕기 위한 기부를 간청했습니다.)
항소, 법정에서의 항의	(petition, challenge, reconsideration) "The defendant's lawyer filed an **appeal** against the court's decision." (피고인의 변호사는 법원의 판결에 항소를 제기했습니다.)
매력, 호감	(attraction, charm, allure) "The **appeal** of the new movie has been overwhelming." (새 영화의 매력은 엄청났습니다.)

STEP 2 필수 다의어 101

088 Break

부수다, 깨어지다	(shatter, crack, smash) "She accidentally **broke** the vase while cleaning the table." (그녀는 테이블을 청소하다가 실수로 꽃병을 깨뜨렸다.)
휴식, 쉬다	(rest, pause, intermission) "I'm taking a **break** from work to grab a coffee." (나는 커피를 마시기 위해 일을 잠시 쉬고 있습니다.)
중단, 끊어지다	(interrupt, disrupt, halt) "The power went out and the broadcast was **broken**." (정전이 발생해 방송이 중단되었습니다.)
빈출표현	Take a break (휴식을 취하다) Break the ice (어색한 분위기를 깨다, 첫 만남을 부드럽게 하다) Break a habit (습관을 고치다) Break the news (소식을 전하다) Break into (침입하다) Break down (고장나다) Break even (손익분기점을 맞추다)

089 Hold

잡다, 들다	(grip, carry, possess) "She **held** the baby in her arms while walking." (그녀는 아기를 안고 걸었습니다.)
유지하다, 계속하다	(maintain, continue, keep) "He's **holding** the position for now." (그는 지금 그 자리를 유지하고 있습니다.)
저지하다, 멈추다	(restrain, stop, prevent) "The police were able to **hold** the crowd back." (경찰은 군중을 저지할 수 있었습니다.)
개최하다	(organize, hold) Example: "The company will **hold** the annual conference next week." (회사는 다음 주에 연례 회의를 개최할 예정입니다.)
빈출표현	Hold on (기다리다, 잠시만 기다리세요) Hold off (미루다, 연기하다) Hold back (자제하다, 막다) Hold your horses (서두르지 마세요)

	Hold the phone (잠깐만, 잠시만) Hold a grudge (원한을 품다) Hold up (지연되다, 막다) Hold one's breath (숨을 참다, 긴장하다) Hold a meeting (회의를 개최하다)

090 Novel

소설	(a long fictional narrative) "She's reading a **novel** by her favorite author." (그녀는 좋아하는 작가의 소설을 읽고 있습니다.)
새로운, 참신한	(new, innovative, original) "They introduced a **novel** approach to solving the problem." (그들은 문제 해결을 위한 참신한 접근 방식을 도입했습니다.) 빈출표현 A novel idea (새로운 아이디어) Novel approach (새로운 접근법) Novel concept (새로운 개념)

091 Arrest

체포하다	(capture, detain, apprehend) "The police **arrested** the suspect after a short chase." (경찰은 짧은 추격 끝에 용의자를 체포했다.)
중단하다, 멈추다	(halt, stop, pause) "The doctor advised me to **arrest** the progression of the disease with immediate treatment." (의사는 질병의 진행을 즉시 치료로 중단하라고 권고했다.)
구속하다	(constrain, restrain, bind) "The tight regulations will **arrest** any potential growth in the industry." (엄격한 규제는 산업에서 잠재적인 성장을 억제할 것이다.) 빈출표현 cardiac arrest 심장 마비

STEP 2 필수 다의어 101

092 Subject

주제, 대상	(topic, theme, matter) "The **subject** of the meeting was the new marketing strategy." (회의의 주제는 새로운 마케팅 전략이었다.)
피험자, 대상자	(participant, individual, object) "The **subjects** in the experiment were given a placebo." (실험의 피험자들은 위약을 받았다.)
복종하다	(undergo, obey, be subject to) "The country is **subject** to international laws on trade." (그 국가는 국제 무역 법률에 복종해야 한다.)
주어	(the doer of an action in a sentence) "In the sentence 'She reads a book,' 'she' is the **subject**." ('그녀는 책을 읽는다'라는 문장에서 '그녀'는 주어이다.) **빈출표현** subject to change 변경 가능 　　　　　a sensitive subject 민감한 주제 　　　　　subject to approval 승인 대기중 　　　　　subject to availability 재고 상황에 따라

093 Arrange

배치하다, 정리하다	(organize, order, set up) "She **arranged** the books neatly on the shelf." (그녀는 책을 선반에 깔끔하게 정리했다.)
준비하다, 마련하다	(plan, prepare, schedule) "They **arranged** a meeting for next Thursday." (그들은 다음 주 목요일에 회의를 준비했다.)
조정하다, 협의하다	(negotiate, coordinate, settle) "They **arranged** the terms of the deal after several rounds of talks." (그들은 여러 차례의 협상 후 거래 조건을 조정했다.)
약속하다	(agree, plan, decide) "I've **arranged** to meet her at the café at 5." (나는 5시에 카페에서 그녀를 만나기로 약속했다.) **빈출표현** arrange a meeting (회의를 잡다) 　　　　　arrange in order (순서대로 정리하다) 　　　　　arrangement (준비, 협의, 배열, 작곡)

094 Deal

다루다, 처리하다	(handle, manage, address) "She **deals** with customer complaints professionally." (그녀는 고객 불만을 전문적으로 처리한다.)
거래, 계약	(transaction, agreement, bargain) "They made a **deal** to exchange goods at a fair price." (그들은 공정한 가격에 상품을 교환하는 거래를 성사시켰다.)
나누다, (카드 패를) 분배하다	(distribute, allocate, share) "He **dealt** the cards quickly to all the players." (그는 모든 플레이어에게 빠르게 카드를 나누어 주었다.)
	빈출표현　strike a deal (거래를 성사시키다)　big deal (큰 일, 중요한 일) 　　　　　　deal in (~을 취급하다, 거래하다)

095 Room

방, 공간	(space, chamber, area) "I need a quiet **room** to study for the exam." (나는 시험 공부를 할 조용한 방이 필요하다.)
여지, 가능성	(opportunity, chance, potential) "There's **room** for improvement in your work." (너의 작업에는 개선의 여지가 있다.)
구역, 장소	(section, zone, area) "The living **room** is spacious and well-decorated." (거실은 넓고 잘 꾸며져 있다.)
	빈출표현　room and board 숙식 제공 　　　　　　make room 자리를 만들다, 공간을 비우다 　　　　　　room for improvement 개선의 여지

STEP 2 필수 다의어 101

096 State

상태, 상황	(condition, situation, circumstance) "The state of the economy is improving after the crisis." (경제 상황은 위기 이후 개선되고 있다.)
말하다, 선언하다	(declare, announce, express) "The president stated that the country would increase its defense budget." (대통령은 국가의 국방 예산을 증가시킬 것이라고 선언했다.)
국가, (미국) 주	(nation, country, government) "The United States is a powerful state in international politics." (미국은 국제 정치에서 강력한 국가이다.)
상태로 유지하다	(maintain, keep, be in a particular condition) "The car is in a good state after the recent repairs." (그 차는 최근 수리 후 좋은 상태를 유지하고 있다.)
빈출표현	State of mind (정신 상태, 기분) State of affairs (사정, 상황) State the facts (사실을 말하다) In a state of (~의 상태에 있다) State of the art (최첨단의) State-sponsored (국가 지원의)

097 Park

공원	(green space, garden, recreational area) "We spent the afternoon in the park, enjoying the sunshine." (우리는 공원에서 오후를 보내며 햇볕을 즐겼다.)
주차하다	(leave, store, place) "He parked his car in front of the building." (그는 건물 앞에 차를 주차했다.)
정렬하다, 배열하다	(arrange, align, position) "They parked the chairs in rows for the event." (그들은 행사를 위해 의자들을 줄지어 배열했다.)
빈출표현	Parking lot (주차장) Park entry fee (공원 입장료) Park your worries (걱정을 잠시 접어두다) park up (주차하다, 정차하다)

098 Patch

수선하다, 고치다	(repair, fix, mend) "He patched the hole in the wall with some plaster." (그는 벽에 있는 구멍을 회반죽으로 고쳤다.)
(소프트웨어) 패치	(update, fix, correction) "The developers released a patch to fix the security vulnerability." (개발자들은 보안 취약점을 수정하기 위해 패치를 출시했다.)
일부분, 구간	(area, region, section, segment, piece) "A patch of sunlight shone through the clouds." (구름 사이로 햇살의 일부분이 비쳤다.) **빈출표현** garbage patch (쓰레기 섬) on the patch (활동 중인, 일하는 중인) patch up (고치다, 화해하다) patch out (삭제하다) patch a hole (구멍을 막다)

099 Mass

대량	(bulk, large amount, crowd) "The company produced a mass of products for the holiday season." (회사는 휴가 시즌을 위해 대량의 제품을 생산했다.)
대중의	(public, collective, communal) "The mass media plays a significant role in shaping public opinion." (대중 매체는 여론을 형성하는 데 중요한 역할을 한다.)
집단, 무리	(group, collection, crowd) "A mass of people gathered at the concert." (많은 사람들이 콘서트에 모였다.)
질량, 무게	(weight, volume, density) "The mass of the planet determines its gravitational pull." (행성의 질량은 중력의 영향을 결정한다.) **빈출표현** be a mass of ~로 가득하다 mass production (대량 생산) mass and weight (질량과 무게)

STEP 2 필수 다의어 101

100 Size

크기, 규모	(dimension, magnitude, extent) "The size of the building is impressive." (그 건물의 크기는 인상적이다.)
규모, 수준	(scale, level, degree) "The size of the operation is beyond what we initially expected." (이 작업의 규모는 우리가 처음 예상한 것보다 훨씬 크다.)
체격, 신체 크기	(build, physique, frame) "He has a large size, making him well-suited for basketball." (그는 체격이 커서 농구에 잘 맞는다.)

101 Face

얼굴	(countenance, mug, expression) "She smiled, her face lighting up with happiness." (그녀는 웃으며 얼굴에 행복이 떠올랐다.)
직면하다, 마주하다	(confront, encounter, deal with) "He had to face his fears and speak in front of the crowd." (그는 자신의 두려움과 마주하며 사람들 앞에서 말을 해야 했다.)
(문제를) 해결 하다	(address, confront, handle) "We need to face the challenges of climate change together." (우리는 기후 변화의 도전과제를 함께 해결해야 한다.) **빈출표현** face to face (with) (~와) 서로 얼굴을 맞대고 face value 액면가 lose(save) face 체면을 잃다(지키다) facial expression 표정 face off 대결하다, 맞붙다

MEMO

2025
조태정 영어
CLIMAX

STEP 3
최빈출 동의어/반의어

STEP 3 최빈출 동의어/반의어   CLIMAX

001 완화시키다/줄이다/경감시키다/진정시키다 series

alleviate	완화하다, 경감시키다	• 2020 지방직, 2015 지방직 9급, 2012 지방직 7급
appease	진정시키다, 달래다	• 2017 국가직, 2015 서울시
pacify	달래다, 진정시키다	• 2014 지방직 9급
curtail	단축하다, 삭감하다, 줄이다	• 2019 서울시 9급

002 일신하다/개편하다/개선하다 series

innovate	혁신[쇄신]하다
reform	개정하다, 교정하다
renovate	새롭게 하다, 수선하다
refurbish	다시 닦다, 일신하다

003 악화시키다 series

exacerbate	악화시키다, 격분시키다
aggravate	악화시키다
deteriorate	나빠지게 하다
worsen	악화시키다

004 부추기다/선동하다 series

provoke	화나게 하다, 자극하다, 선동하다	• 2017 국가직 하반기 9급, 2015 지방직 9급
entice	꾀다, 유혹하다, 부추기다	• 2016 국가직 9급

005 피하다 series

shun	피하다, 멀리하다	• 2020 지방직
shun away from	피하다	• 2014 국가직
avert	피하다	• 2017 서울시
circumvent	회피하다, 포위하다	• 2015 서울시

006 솔직한 series

candid	솔직한	・2020 국가직 9급, 2010 국가직
outspoken	솔직한, 거리낌 없는	・2010 국가직 9급
frank	솔직한	
straightforward	직설적인	

007 중요한/주요한 series

paramount	중요한, 주요한	・2018 국가직
essential	중요한	・2018 서울시
significant	중요한, 주요한	・2017 서울시
principal	주요한, (단체의) 장	・2011 지방직 7급

008 하찮은/사소한 series

slight	약간의, 하찮은, 시시한
negligible	무시해도 좋은, 하찮은
petty	작은, 사소한(petit)
trivial	하찮은, 사소한
minute	극히 작은, 분

009 외래의, 외국의 series

foreign	외국의, 외래의
overseas	해외의, 해외로
exotic	이국적인, 외국에서 온
alien	외계의, 이질적인
abroad	해외로, 외국에서

010 토착의 series

indigenous	토착의, 지역 고유의	・2018 국가직 9급
domestic	국내의, 가정의	・2017 지방직 7급
native	토착의, 원주민의, 고유의	
original	고유의, 독창적인	
series	뒤로 붙여주세요	

STEP 3 최빈출 동의어/반의어

011 강제 series

compulsory	강제적인, 필수의	• 2019 국가직, 2016 서울시 9급
imperative	강제적인, 명령적인	• 2018 서울시 9급
mandatory	강제적인, 명령의	• 2019 서울시 9급

012 선택적인/자발적인 series

optional	선택적인
voluntary	자발적인
discretionary	임의적인, 자유로운

013 가난한 series

needy	가난한, 궁핍한	• 2015 지방직 9급
impoverished	가난한	• 2018 국가직 9급
insolvent	파산한, 지불 능력이 없는	• 2010 국가직 9급
bankrupt	파산한	• 2013 서울시 9급
broke	파산한	
destitute	가난한, 극빈한	

014 풍부한/충분한 series

exuberant	풍부한, 활기 넘치는, 무성한
affluent	풍부한, 풍족한
profuse	많은, 풍부한, 사치스러운
opulent	부유한, 풍부한

015 낭비하는/낭비하다 series

prodigal	낭비하는, 방탕한, 풍부한 · 2016 서울시 9급	
lavish	아끼지 않는, 관대한, 낭비하는, 사치스러운 · 2016 서울시 9급	
wasteful	낭비적인, 소모성의 · 2016 서울시 9급	
squander	낭비하다, 헛되이 쓰다 · 2016 서울시 9급	

016 인색한 series

miserly	구두쇠의, 인색한
stingy	인색한, 구두쇠의
penny-pinching	인색한
frugal	검약하는, 돈을 아끼는
thrifty	검약하는, 아끼는

017 강화하다/보강하다/지지하다 series

buttress	지지하다, 보강하다 · 2018 서울시 9급
enhance	강화하다, 높이다 · 2019 지방직 9급, 2016 국가직 9급
reinforce	강화하다, 증강하다 · 2019 지방직 7급, 2014 국가직 9급
strengthen	강화하다 · 2019 국가직 9급
sustain	지탱하다, 유지하다, 부양하다, 지지하다 · 2010 국가직 9급
support	지탱하다, 버티다, 후원하다 · 2018 지방직 7급, 2015 지방직 7급
stand up for	~을 지지하다, 옹호하다 · 2015 지방직 7급, 2010 지방직 9급
in favor of	찬성하여, 지지하여, 판결 · 2013 국가직 9급

018 약화시키다/약화되다 series

undermine	약화시키다 · 2019 국가직 9급
weaken	약화시키다
erode	침식시키다
impair	손상시키다, 약화시키다

STEP 3 최빈출 동의어/반의어

019 밝히다/폭로하다 series

let on	폭로하다, 누설하다	· 2019 국가직 9급
expose	노출시키다, 폭로하다	· 2016 서울시
disclose	드러내다, 노출시키다	· 2019 국가직

020 확산시키다/유포시키다/보급시키다 series

circulate	퍼뜨리다, 유포시키다
diffuse	확산시키다, 보급시키다
disperse	흩뜨리다, 퍼뜨리다
disseminate	흩뿌리다, 퍼뜨리다
propagate	번식시키다, 퍼뜨리다

021 명백한 series

conspicuous	명백한, 현저한, 저명한	· 2020 국가직 9급
obvious	명백한	· 2017 국가직 9급
distinct	별개의, 뚜렷한, 명확한	· 2013 지방직 9급, 2012 서울시 9급

022 모호한/불분명한 series

on the fence	애매한	· 2017 지방직
undecided	정해지지 않은, 결정하지 못한	· 2017 지방직 9급
vague	모호한	
ambiguous	모호한	
equivocal	모호한	

110 조태정 영어 CLIMAX

023 완전한/온전한/흠없는/결백한 series

sheer	순전한, 온전한 · 2019 국가직	
utter	전적인, 완전한, 소리를 내다 · 2019 국가직	
faultless	결점이 없는 · 2014 국가직 9급	

024 잘못이 없는/정확한 series

unerring	잘못이 없는, 정확한 · 2014 국가직
infallible	틀림없는, 확실한 · 2014 지방직 9급
accurate	정확한
impeccable	흠 없는

025 잘못된/틀린/무근한 series

false	그릇된, 거짓의, 가짜의
faulty	결점이 있는, 불완전한
fallacious	그릇된, 오류의
erroneous	잘못된, 틀린

026 동의하다 series

see eye to eye	동의하다 · 2019 서울시 9급
agree	동의하다
acknowledge	인정하다
admit	인정하다, (병원) 입원시키다

027 동의하지 않다 series

disagree	동의하지 않다
be at odds over	동의하지 않다

STEP 3　최빈출 동의어/반의어

028　늘이다/증가시키다 series

expand	확장하다
increase	증가시키다
extend	연장하다
enlarge	확대하다

029　줄이다/삭감하다/감소하다 series

curtail	줄이다, 삭감하다 · 2019 서울시 9급
cut back on	줄이다 · 2010 국가직 9급
diminish	줄어들다, 약해지다 · 2011 지방직 7급

030　열중한/몰두한 series

(be) engrossed (in)	몰두한 · 2019 지방직 9급
(be) preoccupied (with)	몰두한, 열중한 · 2019 지방직 9급

031　집중하지 않다/무관심하다 series

be distracted from	~에 집중하지 않다, ~에서 벗어나다
be unconcerned with	~에 신경 쓰지 않다
be detached from	~와 거리가 있다, 무관심하다
be indifferent to	~에 무관심하다

032　지우다 series

efface	지우다, 말살하다 · 2014 서울시 9급
erase	지우다, 말소하다 · 2019 국가직, 2014 서울시 9급
get rid of	제거하다 · 2018 지방직 9급
obliterate	삭제하다
delete	지우다, 삭제하다

033 겁주다(겁먹다)/협박하다 series

intimidate	겁주다, 협박하다 · 2018 지방직 9급, 2010 서울시 9급
frighten	위협하다 · 2018 지방직 9급
get cold feet	겁먹다 · 2018 지방직 9급

034 같은/동등한 series

identical	동일한 · 2016 서울시 9급
on par with	동등한, 대등한 · 2018 서울시
equivalent	동등한, 상당하는 · 2016 지방직 9급

035 일치하는/조화하는 series

congruous	일치하는
accordant	일치하는
consistent	일관된, 일치하는
concurrent	일치하는, 동시 발생의

036 다른/상이한 series

different	다른
distinct	뚜렷한, 구별되는
diverse	다양한
unlike	~와 다른

STEP 3 최빈출 동의어/반의어

037 명확한/명시적인 series

explicit	명확한, 노골적인
clear	명확한
direct	직설적인
unambiguous	모호하지 않은
definite	확실한
specific	구체적인
open	솔직한
transparent	투명한

038 암시적인/함축적인 series

allusive	암시적인 • 2016 지방직 9급
implicit	함축적인, 암시적인, 맹목적인 • 2020 국가직 9급
suggest	암시하다, 시사하다 • 2020 지방직 9급, 2016 국가직 9급
implicate	연루시키다, 내포하다, 함축하다 • 2020 국가직 9급

039 주장하다 series

assert	단언하다, 주장하다 • 2018 서울시
maintain	주장하다, 유지하다 • 2015 서울시
persist	고집하다, 주장하다, 지속하다 • 2018 지방직 7급
argue	주장하다

040 비난하다/꾸짖다 series

rebuke	비난하다, 꾸짖다 · 2013 지방직 7급	
reproach	꾸짖다, 비난하다 · 2010 지방직 7급	
reprimand	꾸짖다, 질책하다	
reprove	꾸짖다, 책망하다	
censure	비난하다, 질책하다	
scold	꾸짖다	

041 칭찬하다 series

pay a compliment	칭찬하다 · 2014 지방직 9급
look up to	존경하다 · 2013 지방직 9급
appreciate	진가를 알아보다, 감사하다, 감상하다, 평가하다 · 2014 서울시, 2013 국가직

042 무시하다/조롱하다 series

neglect	태만히 하다, 무시하다, 경시하다 · 2015 지방직 7급
derision	조롱, 조소 · 2012 지방직 7급
negligible	하찮은, 무시해도 좋은 · 2010 지방직 7급
disregard	무시하다, 경시하다 · 2018 서울시 9급
disparage	깔보다, 얕보다, 경시하다 · 2015 서울시 9급
scornful	비웃는, 경멸하는 · 2012 국가직 9급

043 고귀한/고상한 series

noble	고귀한, 숭고한
lofty	매우 높은, 고상한
virtuous	덕 있는, 고결한
elevated	높은, 고상한, 고결한

044 교활한/약삭빠른 series

shrewd	빈틈없는, 약삭빠른 · 2015 지방직 7급
insidious	교활한, 음흉한, 잠행성의
sly	교활한, 음흉한

STEP 3 최빈출 동의어/반의어

045 시작하다 series

initiate	시작하다, 창시하다 · 2019 서울시 9급, 2017 하반기 지방직 7급	
go into	들어가다, 시작하다 · 2014 지방직 9급	
go about	시작하다 · 2012 서울시 9급	
set out(set about)	시작하다, 착수하다	
commence	시작하다	
embark (on)	착수하다, 탑승하다	

046 버리다/포기하다 series

abandon	포기하다, 단념하다 · 2019 국가직 9급, 2017 국가직 9급
give up	포기하다, 버리다 · 2016 지방직, 2012 서울시
renounce	포기하다, 단념하다, (관계를) 끊다 · 2010 지방직 7급
discard	버리다 · 2014 국가직 9급
resign	사직하다, 포기하다 · 2016 국가직 9급

047 중단하다/중단시키다 series

discontinue	그만두다, 중단하다
pause	잠시 멈추다
cease	그치다, 그만두다
suspend	(일시) 중지하다
terminate	끝내다, 종료하다
halt	중단하다

048 취소하다/폐지하다 series

invalidate	무효로 하다
withdraw	철회하다, 취소하다
void	무효의, 없는, 결여된, 무효로 하다
annul	무효로 하다, 취소하다(nullify)
repeal	무효로 하다, 폐지하다
retract	취소하다, 철회하다
revoke	취소하다, 무효로 하다(cancel)
scrap	폐기하다, 파기하다

049 흉내 내다/모방하다/복제하다 series

simulate	흉내 내다, 가장하다	• 2012 국가직 9급
emulate	흉내 내다, 필적하다	• 2014 서울시 9급
duplicate	복제하다, 분열하다	• 2019 지방직 7급
clone	복제, 복제품, 복제하다	• 2017 지방직 7급
imitate	모방하다, 흉내 내다	• 2020 지방직

050 분배하다/배분하다/할당하다 series

distribute	분배하다, 배포하다	• 2014 국가직 9급
allocate	할당하다, 배치하다	• 2013 지방직 7급
assign	할당하다, 배당하다, 부여하다	• 2017 하반기 국가직 7급

051 축적하다/쌓다 series

accumulate	축적하다	• 2015 지방직 9급
amass	쌓다, 축적하다	
aggregate	총계, 총계를 내다	

052 보복/복수하다 series

retaliate	보복하다
vengeance	복수, 앙갚음
retribution	보복, 응징
get even with	보복하다, 동점을 이루다

053 참다 series

endure	참다, 견디다
tolerate	참다, 견디다
put up with	참다, 견디다
withstand	견디다, 버티다
bear	참다, 낳다, 곰
persist	지속하다, 끈질기게 버티다
forgive	용서하다
pardon	용서하다, 관대히 대하다
absolve	면죄하다
excuse	용서하다, 용납하다

STEP 3 최빈출 동의어/반의어

054 활기/활발 series

enliven	활기를 띠게 하다, 기운을 돋우다, 생기를 주다 · 2017 지방직 7급
inspire	영감을 주다
vitalize	활력을 주다
animate	활기를 불어넣다, 생기를 주다

055 활기 없는/불활발한 series

inactive	활발하지 않은
dull	무딘, 둔한, 단조로운, 불활발한
inanimate	생명이 없는, 활기 없는 · 2017 서울시 9급
weary	피곤한, 지친(fatigued)
sluggish	느린, 불활발한, 게으른

056 잉여의/과잉의 series

superfluous	여분의, 남아도는
redundant	여분의, 잉여의, 장황한
surplus	나머지의, 잔여의, 과잉의
excessive	과도한, 과대한, 과다한

057 적당한/합리적인 series

moderate	적당한
reasonable	합리적인
sufficient	충분한
limited	제한된

058 내성적인 series

reserved	내성적인, 말수가 적은
introvert	내향적인 사람
shy	수줍은, 내성적인

059 사교적인/외향적인 series

gregarious	군거성의, 사교적인 · 2017 서울시 9급
extrovert	외향적인 · 2019 서울시 9급
sociable	사교적인, 모여사는

060 상냥한 series

friendly	친근한, 상냥한 · 2018 지방직 9급
affable	상냥한, 붙임성 있는, 친절한, 사근사근한
amiable	호감을 주는, 붙임성 있는

061 금지하다/금지시키다 series

proscribe	추방하다, 금지하다 · 2017 지방직 7급, 2011 서울시 9급
restrain	제지시키다, 금지시키다 · 2010 지방직 7급
prohibit	금지하다
prevent	막다, 예방하다, 방해하다
ban	금지하다

062 유리한/유익한 series

favorable	유리한, 긍정적인
beneficial	유익한, 이로운
positive	긍정적인
advantageous	유리한, 이점이 있는

063 유해한/독성의 series

malignant	악의 있는, 악성의, 유해한 · 2010 지방직 7급
adverse	역(逆)의, 반대의, 해로운 · 2019 지방직 7급
harmful	해로운, 해가 되는 · 2019 지방직 7급

STEP 3 최빈출 동의어/반의어

064 구식의 series

obsolete	구식의, 쓸모없는	• 2016 서울시 9급, 2013 지방직 9급
old-fashioned	구식의, 시대에 뒤진	
outdated	구식의, 시대에 뒤떨어진	
outmoded	유행에 뒤떨어진, 구식의	

065 현대의/최첨단의 series

modern	현대적인
contemporary	현대의, 동시대의
current	현재의
cutting-edge	최첨단의
state-of-the-art	최첨단의

066 대담한/건방진/뻔뻔한 series

unabashed	부끄러워하지 않는, 뻔뻔한	• 2016 지방직 7급
audacious	대담한, 넉살좋은, 무례한	• 2016 지방직 7급
venturesome	대담한, 모험을 좋아하는	• 2012 서울시 9급
arrogant	오만한	• 2010 서울시 9급
presumptuous	뻔뻔한, 건방진	• 2018 서울시 9급
pompous	거만한	

067 용감한 series

brave	용감한	• 2015 지방직 9급
stout	견고한, 용감한	
dauntless	겁 없는	

068 조심성/신중 series

careful	조심성 있는	• 2015 국가직 9급
canny	신중한, 약삭빠른	• 2015 지방직 7급
meticulous	너무 신중한, 꼼꼼한	• 2015 국가직 9급
scrupulous	세심한, 꼼꼼한, 양심적인	• 2013 지방직 7급

069 숙고하다 series

mull over	숙고하다, 궁리하다	• 2011 지방직 7급
ponder	숙고하다	• 2011 지방직 7급
pore over	숙고하다, 조사하다	• 2014 국가직 9급
consider	숙고하다, 고민하다	• 2017 서울시 9급
meditate	명상하다, 숙려하다	• 2013 국가직 9급
speculate	추측하다, 투기하다	

070 즉석의/즉흥적인 series

offhand	즉석의	• 2013 지방직 9급
provisional	임시의, 일시적인, 잠정적인	• 2015 지방직 7급
tentative	잠정적인, 시험적인, 임시의	• 2020 국가직 9급
temporary	일시적인, 잠정적인	
play it by ear	임기응변으로 대처하다	• 2014 지방직 7급
impromptu	준비 없이, 즉석에서, 즉흥적으로	

071 내쫓다/추방하다 series

rule out	배제하다, 제외하다, 제거하다	• 2015 지방직 9급
exclude	제외하다, 배제하다, 추방하다	• 2020 지방직, 2015 지방직 9급
pass over	제외시키다, 무시하다	• 2017 하반기 지방직 9급

072 구별/식별하다/차별하다/격리하다 series

discern	식별하다, 분간하다	• 2019 국가직 9급
distinguish	구별하다, 식별하다	• 2019 국가직 9급
differentiate	구별하다	
tell A from B	A와 B를 구별하다	
know A from B	A와 B를 구별하다	

STEP 3 최빈출 동의어/반의어

073 불변의/영원한 series

immutable	불변의	· 2015 지방직 7급
for good	영원히	· 2011 지방직 9급
permanent	영속하는	· 2011 지방직 9급
persistent	영속하는, 고집 센	· 2018 지방직 7급
enduring	참을성 있는, 영구적인	· 2018 지방직 7급
eternal	영원한, 영구한	· 2018 서울시 9급

074 유연한/변할 수 있는 series

flexible	유연한, 가변적인
variable	가변적인, 변수
adaptable	적응할 수 있는
versatile	다재다능한
pliable	유연한, 휘어지는
malleable	변형 가능한, 유연한
elastic	탄력적인, 유연한

075 괴롭히다 series

torture	고문하다, 괴롭히다
afflict	괴롭히다, 시달리게 하다

076 아부하다/아첨하다 series

flatter	아첨하다
make up to	아첨하다
play up to	아첨하다
butter up	아첨하다

077 능숙한/솜씨 있는 series

adept	숙련된, 정통한
dexterous	손재주 있는, 솜씨 있는
adroit	손재주 있는
proficient	능숙한
competent	능력이 있는

078 서투른/미숙한 series

inexperienced	미숙한, 경험 없는 · 2017 하반기 국가직 9급
all thumbs	손재주 없는 · 2013 지방직 9급
maladroit	서투른, 솜씨 없는
wet behind the ears	미숙한, 풋내기의 · 2014 서울시 9급
not dry behind the ears	미숙한, 풋내기의 · 2014 지방직 9급
born yesterday	신출내기의, 경험이 없는

079 최상의 series

paramount	최고의, 가장 중요한
pinnacle	절정의, 최정점의
supreme	최고의, 최상의
topmost	최고의, 절정의
principal	주요한, 중요한

080 평범한 series

ordinary	평범한, 보통의, 일상적인
mediocre	평범한, 특출난 것 없는
average	평균적인, 평범한

STEP 3 최빈출 동의어/반의어

081 관대한 series

lenient	관대한, 자비로운
benevolent	자선의, 인자한
generous	관대한, 풍부한

082 엄한/엄격한 series

rigid	엄격한, 엄밀한
severe	엄격한, 심한, 혹독한
harsh	거친, 가혹한, 엄한
stern	엄격한, 단호한

083 과도한 series

exorbitant	지나친, 터무니없는
excessive	과도한, 지나친
undue	과도한, 부당한, 부적합한
surfeit	과다, 과식, 과용하다

084 넓은/거대한 series

extensive	광대한, 폭넓은
spacious	넓은, 광대한
ample	넓은, 충분한, 풍부한
gigantic	거대한
colossal	거대한, 어마어마한
huge	거대한, 막대한
immense	거대한, 막대한, 광대한

085 부족한, 비좁은 series

cramped	비좁은, 좁고 불편한
lacking	부족한
insufficient	불충분한
scarce	부족한, 희귀한
limited	제한된
meager	부족한
deficient	결핍된

086 만연한 series

prevalent	유행하는, 유력한
pervasive	널리 퍼진, 성행하는
ubiquitous	어디에나 있는, 편재하는
widespread	널리 퍼진, 만연된

087 간헐적인/산발적인 series

sporadic	때때로 일어나는 • 2016 서울시 9급
occasional	가끔의
intermittent	간헐적인
irregular	불규칙한
periodic	주기적인

088 덧없는/무상한/순식간의 series

transient	일시적인, 덧없는, 무상한
momentary	순식간의, 덧없는
transitory	덧없는, 무상한

089 복잡한/난해한/심오한 series

complicated	복잡한
abstruse	난해한, 심오한
abstract	추상적인, 난해한, 심오한
intricate	얽힌, 복잡한

090 직접적인/단순한 series

straightforward	간단한, 직접적인, 솔직한
simple	단순한
clear	명확한
direct	직접적인

STEP 3 최빈출 동의어/반의어

091 곤경/궁지/곤란 series

predicament	곤경, 궁지
distress	고뇌, 고통, 곤궁, 곤란
plight	곤경, 궁지, 맹세, 서약

092 호전적인 series

belligerent	호전적인
bellicose	호전적인

093 화난 series

incensed	몹시 화난, 격분한 · 2015 국가직 9급
annoying	짜증나는, 성가신 · 2013 서울시
indignant	분개한
furious	격노한, 격분한
resentful	분개한

094 중재하다/조정하다 series

coordinate	조정하다, 조화시키다
intervene	중재하다, 개입하다
mediate	조정하다, 중재하다
arbitrate	중재하다, 조정하다
intercede	중재하다, 조정하다

095 참견하다 series

interfere	방해하다(with), 개입하다(in) · 2016 국가직 9급
stick one's nose in	참견하다 · 2016 국가직 9급

096 정복하다/복종시키다 series

vanquish	정복하다, 패배시키다 · 2014 국가직 9급
defeat	이기다, 정복하다, 패배 · 2012 국가직 9급
subvert	전복하다, 파괴하다
subordinate	종속시키다, 복종시키다

097 공정한/공평한 series

neutral	중립적인
impartial	공평한, 치우치지 않는
unprejudiced	선입관 없는, 공평한
unbiased	편견 없는, 공평한
equitable	공정한, 공평한

098 차별, 편향된 series

discrimination	차별
unfair	불공정한
biased	편향된
prejudiced	편견을 가진
partial	편파적인, 부분적인, 불완전한
injustice	불공정
favoritism	편애
unjust	부당한
stereotypical	고정관념적인

099 부정직한 series

dishonest	부정직한
deceptive	기만적인
secretive	비밀스러운
insincere	불성실한
disguised	위장된
hypocritical	위선적인

STEP 3 최빈출 동의어/반의어

100 불모의/불임의/메마른 series

infertile	메마른, 불모의, 불임의
barren	불모의, 불임의
sterile	불임의, 불모의, 살균한
arid	건조한, 메마른, 불모의

101 비옥한/생산적인 series

fertile	비옥한, 풍요로운
productive	생산적인
fruitful	결실이 있는, 유익한
rich	풍부한

102 시끌벅적한/혼란스러운 series

bustling	시끌벅적한
chaotic	혼란스러운
turbulent	격렬한, 소란스러운
noisy	시끄러운

103 조용한/침묵의 series

tranquil	조용한, 고요한, 평온한
serene	고요한, 조용한, 침착한
placid	평온한, 조용한

104 슬퍼하는 series

deplorable	통탄할
grievous	통탄할, 슬픈
lamentable	유감스러운, 한탄스러운
mournful	슬픔에 잠긴
pathetic	감상적인, 불쌍한, 슬픈
pensive	생각에 잠긴, 시름의, 슬픈

105 열렬한/열광적인 series

passionate	열렬한, 격렬한
enthusiastic	열렬한, 열광적인
ardent	불타는, 열렬한
zealous	열광적인, 열심인

106 부주의한/경솔한 series

hasty	성급한, 경솔한
impatient	성급한, 갈망하는
imprudent	경솔한(thoughtless)
reckless	무분별한, 무모한, 경솔한

107 신중한/사려깊은 series

careful	신중한
deliberate	신중하게, 의도적인
thoughtful	사려 깊은
considerate	사려 깊은

STEP 3 최빈출 동의어/반의어

108 이상한/기이한 series

atypical	전형적이지 않은
eccentric	별난, 괴벽스러운
odd	한 짝의, 홀수의, 임시의, 이상한
bizarre	괴상한, 이상한
weird	이상한, 기묘한
peculiar	특이한
abnormal	비정상적인
strange	이상한
unusual	비정상적인
unconventional	틀에 박히지 않은

109 정상적인, 표준의 series

typical	전형적인, 일반적인
normal	정상적인
standard	표준의
conventional	관습적인, 전통적인

110 진부한/평범한 series

stale	케케묵은, 진부한
banal	진부한, 평범한
mediocre	평범한, 범용한
trite	평범한, 케케묵은, 진부한

111 고치다 series

repair	수리하다
fix	고치다
do up	수선하다, 마치다, 장식하

112 손상하다/훼손하다 series

damage	손해(를 입히다), 피해(를 입히다)
injure	상처 입히다, 손상시키다
undermine	손상하다, 훼손하다
impair	손상시키다, 해치다(harm)
break down	고장나다

113 반항하는/도전적인 series

disobedient	불순종적인
rebellious	반항적인
defiant	도전적인, 반항적인

114 논박하다/반박하다 series

refute	논박하다, 반박하다
contradict	반박하다, 모순되다
disprove	반증하다, 논박하다

115 유순한/순종하는 series

tame	길들여진, 유순한, 길들이다
flexible	유연한, 유순한, 융통성 있는
compliant	고분고분한(compliable)
submissive	복종하는, 순종하는
tractable	순종하는, 유순한
docile	온순한, 유순한
supple	유연한, 유순한
ductile	유연한, 유순한, 고분고분한

STEP 3 최빈출 동의어/반의어

116 변덕스러운 series

capricious	변덕스러운
arbitrary	변덕스러운, 독단적인
volatile	휘발성의, 변덕스러운, 쉽게 흥분하는

117 일관성있는 series

consistent	일관된, 지속적인
steadfast	확고한, 변하지 않는
predictable	예측 가능한
reliable	신뢰할 수 있는

118 관련된/적절한 series

appropriate	적당한, 적절한
relevant	관련된, 적절한
pertinent	적절한, 관계있는

119 무관한/관련없는 series

irrelevant	관련 없는
insignificant	중요하지 않은
unrelated	관련 없는

120 보상하다 series

make up for	보상하다 · 2020 지방직 9급, 2011 국가직 9급
indemnify	보상하다, 배상하다
reimburse	변제하다, 변상하다, 배상하다

121 빼앗다/박탈하다 series

extort	강탈하다
dispossess	빼앗다
deprive	빼앗다, 박탈하다

122 요약하다 series

epitomize	요약하다 · 2017 지방직 7급	
encapsulate	요약하다, 분리하다, 캡슐로 싸다 · 2017 지방직 7급	
abbreviate	생략하다, 단축하다	

123 간결한/간명한 series

terse	간결한, 간명한
succinct	간결한, 간명한

124 말 많은/장황한 series

loquacious	수다스러운, 말 많은 · 2014 지방직 9급
wordy	말의, 말 많은, 수다스러운 · 2010 국가직 9급
redundant	여분의, 잉여의, 장황한 · 2019 서울시 9급
verbose	말이 많은, 장황한

2025
조태정 영어
CLIMAX

CHAPTER 1 어휘 논리의 이해

1 동의어/ 반의어

영어의 논리는 기본적으로 「동의어」, 「반의어」의 이해로 시작된다. 우리말을 바탕으로 추론을 하는 국어의 경우와 달리 영어 과목에서의 논리는 복잡한 것을 요구하기 보다는 상대적으로 직관적이거나, 간단한 경우가 많다. 따라서, 기본적인 「동의어/반의어」 관계를 제대로 파악하고 짧은 문장의 해석을 정확하게 해낼 수 있다면 「어휘 추론」 뿐 아니라, 독해의 「추론」 및 「빈칸 추론」까지 한꺼번에 해결할 수 있다.

1 접두사를 통한 반의어 만들기

같은 의미군(어근)에서 파생한 영어 단어는 간단한 접두사의 추가로 반의어로 쓸 수 있다.
아래의 예시에서 보여지듯 일부 「접두사/접미사」는 기본 의미의 반의어를 만들거나, 의미를 강조하기도 하므로 반드시 학습해두도록 한다.

예시
courage (용기)
- **en**courage 용기를 북돋다, 독려하다 (en- =make/~하도록 만들다)
- **dis**courage 용기를 잃게 하다, 실망시키다 (dis- = not / 안하다, 못하게 하다)

접두사	의미	예시 단어	접두사	의미	예시 단어
dis-	반대, 없애다	disagree (동의하지 않다) disconnect (연결을 끊다) dislike (싫어하다)	en-	~하게 만들다	encourage (격려하다) enable (가능하게 하다) enlighten (깨우치다)
un-	부정, 반대	unhappy (불행한) untie (풀다) unnecessary (불필요한)	re-	다시, 반복	revisit (다시 방문하다) rebuild (재건하다) reactivate (다시 활성화하다)
in-	안으로, 내부로	include (포함시키다) insert (넣다, 삽입하다) impede (방해하다/딴죽걸다)	ex-	밖으로, 외부로	exclude (배제하다) exit (출구, 나가다) export (수출하다)

접두사	의미	예시 단어	접두사	의미	예시 단어
anti-	반대, 대항	antivirus (바이러스 백신) antifreeze (부동액) antagonist (적대자)	pro-	찬성, 지지	proactive (적극적인) protest (항의하다) proponent (지지자)
pre-	이전, 앞서	prehistory (선사 시대) preview (미리 보기) precaution (예방 조치)	post-	이후, 뒤에	postpone (연기하다) postwar (전후의) postgraduate (대학원생)
mis-	잘못, 틀린	misunderstand (오해하다) misplace (제자리에 놓지 않다) mislead (잘못 인도하다)	over-	과도한, 지나친	overeat (과식하다) overload (과부하 걸리다) overestimate (과대 평가하다)
sub-	아래, 하위	submarine (잠수함) subway (지하철) substandard (기준 이하의)	super-	위, 초과	superhuman (초인적인) superstar (슈퍼스타) superpower (강대국)
co-	함께, 공동	cooperate (협력하다) coexist (공존하다) coordinate (조정하다)	contra-	반대, 대립	contradict (모순되다) contrary (반대의) contrast (대조하다)
inter-	사이, 상호작용	international (국제적인) interactive (상호작용하는) intermediate (중간의)	intro-	내부, 안으로	introvert (내향적인) introduce (소개하다) introspection (자기 성찰)
bi-	두 개, 이	bicycle (자전거) bilingual (두 언어를 사용하는) biannual (1년에 두 번)	mono-	하나, 단일	monologue (독백) monopoly (독점) monochrome (단색)

2 필수 부정어 접두사 정리

다음의 접두사/접미사는 반의어/강조를 만드는데 핵심으로 빈출하므로, 반드시 학습해둔다.

예시

enable	가능하게 하다	disable	불가능하게 하다
appear	나타나다	disappear	사라지다
agree	동의하다	disagree	동의하지 않다
accurate	정확한	inaccurate	부정확한
tie	묶다	untie	풀다

접두사	의미	예시	
Un-	Not, opposite of (부정/반대)	Unhappy	불행한
		Unclear	불분명한
		Unnecessary	불필요한
In-	Not, into, within (부정/안에/안으로)	Inactive	비활성의
		Incomplete	불완전한
		Inaccurate	부정확한
Im-	Not, opposite of (부정/반대)	Impossible	불가능한
		Impolite	무례한
		Immature	미성숙한
Il-	Not, opposite of (부정/반대)	Illegal	불법적인
		Illogical	비논리적인
		Illiterate	문맹의
Ir-	Not, opposite of (부정/반대)	Irregular	불규칙적인
		Irrelevant	관련 없는
		Irresponsible	책임감 없는
Dis-	Not, opposite of, reverse (부정/반대/거꾸로)	Disagree	동의하지 않다
		Disappear	사라지다
		Disconnect	연결을 끊다
A-	Not, without, absence of (부정, -없이)	Amoral	도덕적이지 않은
		Asymmetrical	비대칭적인
		Atheist	무신론자
De-	Reverse, remove, down	Defrost	해동하다
		Degrade	강등시키다
		Destroy	파괴하다
Non-	not, without	nonexistent	존재하지 않는
		nonprofit	비영리의
		nonsense	헛소리
Anti-	against, opposite	antifreeze	부동액
		antivirus	바이러스 백신
		Antibiotic	항생제

2 의미의 긍정/부정

영어의 단어는 우리말과 마찬가지로 단어 자체의 의미로 인해 「부정적인」, 「긍정적인」, 「중립적인」 3가지 분류로 나눌 수 있다. 물론, 대부분의 단어는 중립적으로 쓰이지만, 긍정의 의미가 강하거나, 부정의 의미가 강해서 어느 문맥에서도 한쪽으로만 쓰이는 어휘들이 있다. 이를 통해서 논리를 추론할 수 있으므로, 최대한 많은 어휘를 분류해서 암기하는 것이 좋다. 물론, 모든 단어를 다 이렇게 분류해서 암기할 수는 없으므로, 아래의 예시를 통해서 감각을 만들고 이를 문제를 풀이하면서 적용해 보는 것이 올바른 학습법이다.

1 긍정의 의미

명사 (Nouns)	뜻	명사 (Nouns)	뜻
1. Excellence	우수성, 탁월함	6. Hope	희망하다
2. Innovation	혁신	7. Scholarship	학문적 연구, 장학금
3. Achievement	성취, 업적	8. Sustainability	지속 가능성
4. Integrity	진실성, 정직	9. Perspective	관점, 시각
5. Collaboration	협력, 공동 작업	10. Competence	능력, 자격

형용사 (Adjectives)	뜻	형용사 (Adjectives)	뜻
1. Eloquent	유창한, 감동적인	6. Resilient	회복력 있는, 탄력 있는
2. Insightful	통찰력 있는	7. Strategic	전략적인
3. Amiable	상냥한, 친근한	8. Comprehensive	포괄적인
4. Proficient	능숙한, 숙련된	9. Collaborative	협력적인
5. Rigorous	철저한, 엄격한	10. Benevolent	자애로운

동사(Verbs)	뜻	동사(Verbs)	뜻
1. Facilitate	촉진하다, 용이하게 하다	6. Implement	실행하다
2. Enhance	향상시키다	7. Innovate	혁신하다
3. Support	지지하다, 지탱하다	8. Advocate	옹호하다, 지지하다
4. Aid	돕다, 지원하다	9. Optimize	최적화하다
5. Cultivate	기르다, 배양하다	10. Benefit	이익을 주다

2 부정의 의미

명사 (Nouns)	뜻	명사 (Nouns)	뜻
1. Failure	실패	6. Obstacle	장애물
2. Loss	손실	7. Problem	문제
3. Conflict	갈등	8. Suffering	고통
4. Mistake	실수	9. Disaster	재난
5. Harm	해, 손해	10. Betrayal	배신

형용사 (Adjectives)	뜻	형용사 (Adjectives)	뜻
1. Dangerous	위험한	6. Irritable	짜증나는
2. Weak	약한	7. Violent	폭력적인
3. Corrupt	부패한	8. Disturbing	불안감을 주는
4. Hostile	적대적인	9. Deceptive	속이는
5. Tense	긴장된	10. Misleading	오해를 불러일으키는

동사(Verbs)	뜻	동사(Verbs)	뜻
1. Neglect	무시하다, 방치하다	6. Alienate	소외시키다
2. Undermine	약화시키다	7. Annoy	짜증나게 하다
3. Provoke	유발하다, 자극하다	8. Exaggerate	과장하다
4. Cheat	속이다, 부정행위를 하다	9. Abandon	버리다, 유기하다
5. Aggravate	악화시키다	10. Criticize	비판하다

CHAPTER 2 문장 논리의 이해

1 순접

1 병렬/나열

"and / as well as" 등 병렬을 나타내는 표현들은 앞/뒤로 그 모양을 같게 쓸 뿐 아니라, 그 내용 역시 유사한 것이어야 한다. 따라서, 이를 통해서 내용을 추론할 수 있다.

예시

> His pleasant and [friendly / hostile] personality makes him a joy to be around, and he easily connects with everyone he meets.

해설

앞선 and의 존재를 통해서 뒤의 빈칸을 추론할 수 있다. 앞선 부분에서 pleasant (기분좋은, 유쾌한)이 있으므로, and 뒤 역시도 같은 내용이 들어가야함을 알 수 있다. 따라서, 유사한 의미인 "friendly"를 고른다.
(그의 친근하고 쾌활한 성격은 그와 함께 있는 것을 즐겁게 만들며, 그는 만나는 사람마다 쉽게 친분을 쌓는다.)

유사표현 정리

① as well as – 그 뿐 아니라

　"He is dishonest as well as irresponsible, which makes him hard to trust."
　(그는 부정직할 뿐만 아니라 무책임해서 신뢰하기 어렵습니다.)
　(부정직하다 (-)/ 무책임하다 (-) 모두 부정적인 내용이어야함.)

② not only Ⓐ but also Ⓑ – Ⓐ 뿐만 아니라, Ⓑ도

　: Ⓐ/Ⓑ의 모양이 같아야 할 뿐 아니라, 내용 역시 같아야 한다.
　"She is not only talented in music, but also excels in sports."
　(그녀는 음악에만 재능이 있는 것이 아니라, 스포츠에서도 뛰어납니다.)
　(재능이 있다. (+) / 스포츠에서도 뛰어나다 (+) 모두 긍정적인 내용이어야함.)

③ both A and B – A / B 둘다

　: A와 B의 모양이 반드시 같아야하며 내용 역시 같아야 함.)
　"He is both rude and unhelpful, which makes working with him difficult."
　(그는 무례하고 비협조적이어서 그와 함께 일하는 것이 어렵습니다.)
　(무례한 (-) – 비협조적 (-) 모두 부정적인 내용이어야 함.)

④ In addition to – ~에 추가하여

　ex In addition to her outstanding skills, she has an excellent attitude.
　그녀의 뛰어난 기술뿐 아니라, 그녀는 훌륭한 태도도 갖고 있다.
　(뛰어난 기술 (+) – 뛰어난 태도 (+) 모두 긍정적인 내용이 나와야함.)

2 「원인-결과」(인과)/이유

영어에서의 「인과」는 항상 같은 내용을 담고 있어야한다. 즉, "콩 심은데 콩나고, 팥 심은데 팥나야한다" 따라서, 「원인」 부분이 긍정 (+) 이면 「결과」 부분 역시 긍정 (+) 이어야 하고, 「원인」 부분이 부정적이면 「결과」 부분 역시 부정적인 내용이어야한다.

(1) 인과/이유 접속사 및 전치사

① So(such) ~ That과 Too~ To Ⓡ

「인과」에서 가장 흔히 쓰이는 표현은 "너무나 ~해서 ~이다"의 의미인 「so(such) ~ that」 구문과 "너무나 ~해서 ~할 수 없다"의 의미인 「too ~ toⓇ」 등의 표현이 있다. 각각 앞선 "너무나 ~해서"의 의미인 「so (such) ~」 / 「too~」 부분이 「원인」에 해당하는 부분이고, "그래서"의 의미인 「that」 ~ / 「to Ⓡ」이 「결과」 부분에 해당한다.

"The necklace is so precious that she keeps it in a safe."
(그 목걸이는 너무 소중해서 그녀는 그것을 금고에 보관한다.)
「원인」: 소중하다 (+) - 「결과」: 금고에 보관한다 (+)

She is too tired to go out.
(그녀는 너무 피곤해서 외출할 수 없다.)
「원인」: 너무 피곤하다 (-) - 「결과」:외출할 수 없다 (-)

> **참고**
>
> too~ to Ⓡ에서 to Ⓡ: "~할 수 없다"의 의미로 부정임을 반드시 기억해둔다.
> not too ~ to Ⓡ: ~할 수 없을만큼 ~한 것은 아니다.
> too ~ not to Ⓡ: 너무나 ~해서 ~할 수 있다. (~할 수 없는 게 아니다.)

too	to Ⓡ	not 없음
너무나 ~해서	~할 수 없다	
not too	to Ⓡ	**not too**
너무 ~한 것은 아니다	~할 수 없을 만큼	
too	**not to Ⓡ**	**not to Ⓡ**
너무 ~해서	~할 수 있다.	

② Because / Since / as / for

"She didn't go to the party because she was feeling sick."
(그녀는 아파서 파티에 가지 않았다.)
「원인」: 아팠다 (-) - 「결과」: 파티에 가지 않았다 (-)

"He didn't attend the meeting, for he was on vacation."
(그는 휴가 중이라 회의에 참석하지 않았다.)
「원인」: 휴가 중(-) - 「결과」: 회의 참석 안 했다(-)

③ Due to / Owing to

"Due to the heavy rain, the event was postponed until next week."
(많은 비로 인해 행사는 다음 주로 연기되었습니다.)
「원인」: 폭우 (-) - 「결과」: 이벤트 연기 (-)

(2) 인과를 나타내는 동사

① Result in - ~의 결과를 초래하다
- "The innovative policy resulted in a significant increase in sales, boosting the company's overall performance and reputation."
(혁신적인 정책은 판매에 큰 증가를 가져왔으며, 회사의 전체 성과와 명성을 향상시켰습니다.)
원인: 혁신적인 (+) 정책 – 결과: 판매의 증가 (+)

> Result from - ~에서 비롯되다 (결과가 원인에서 나오는 경우)
> ex The error resulted from a misunderstanding in the instructions.

② Cause - 유발시키다, 원인이 되다
- The heavy rain caused severe flooding in the streets.
(폭우가 거리에 홍수를 일으켰습니다.)
원인: 폭우 (-) 정책 – 결과: 심각한 홍수 (-)

③ Give rise to - ~을 야기하다, ~를 일으키다
- "The novel approach to education gave rise to a new generation of creative thinkers."
(교육에 대한 참신한 접근법은 창의적인 사고를 하는 새로운 세대를 탄생시켰다.)
원인: 참신한 접근법 (+) – 결과: 창의적인 사고 (+)

④ Trigger - 촉발하다, 유발하다
- "The explosive noise triggered a panic in the crowd."
(그 폭발음은 군중 속에 공황을 일으켰다.)
원인: 폭발적인 소음 (-) – 결과: 공황/공포심 (-)

⑤ Bring about - 일으키다, 초래하다
- ex The decision to cut down trees brought about environmental concerns.
(나무를 베기로 한 결정은 환경에 대한 우려를 불러일으켰다.)
원인: 나무베기 (-) – 결과: 환경문제 (-)

⑥ Pose - (위협·문제 등을) 제기하다
- "The rising sea levels pose an enormous threat to coastal communities."
(해수면 상승은 해안 지역 사회에 막대한 위협을 가하고 있다.)
원인: 해수면 상승 (-) – 결과: 막대한 위협 (-)

3 강화

강화의 표현은 「인과」의 경우와 마찬가지로 「앞-뒤」로 같은 내용이 제시되어야 한다. 필수적인 강화 표현을 암기해 두고 예문을 통해서 선후의 맥락에 대한 감각을 갖추도록 연습한다.

(1) 강화 표현 정리

① Contribute to - ~에 기여하다, 원인이 되다
- "The increase in pollution contributed to the climate change crisis."
(오염의 증가가 기후 변화 위기의 원인이 되었다.)
현상: 오염의 증가 (-) – 강화: 기후 변화 위기 (-)

② Fuel – ~을 부추기다, 촉발시키다, 연료
- "The biased media coverage only fueled public outrage over the scandal."
  (편향적인 미디어 보도가 그 스캔들에 대한 대중의 분노를 더욱 부추겼다.)
  현상: 편향적인 보도 (-) – 강화: 대중의 분노 (-)

③ Exacerbate – 악화시키다, 더 심각하게 만들다
- "The lack of communication exacerbated the existing problem."
  (소통 부족이 현존하는 문제를 악화시켰다.)
  현상: 소통 부족 (-) – 강화: 현존하는 문제를 악화 (-)

④ Strengthen – 강화하다, 강하게 만들다
- "The partnership strengthened the company's position in the market."
  (그 파트너십은 회사의 시장 내 입지를 강화시켰다.)
  현상: 파트너십 (+) – 강화: 시장내 입지 (+)

4 목적

목적은 "왜" 어떤 일을 하는지에 대한 이유를 나타낸다. 주로, 「so that」, 「in order toR」과 같은 표현으로 사용되며, 앞뒤가 같은 내용으로 나와야 한다.

(1) 주요 목적 표현

① so that
- "They installed state-of-the-art software so that the system would run more efficiently."
  (그들은 시스템이 더 효율적으로 작동하도록 최신의 소프트웨어를 설치했다.)
  행위: 최신 소프트 웨어 (+) – 목적: 효율적 작동 (+)

② in order to Ⓡ
- "He exercised hard in order to stay healthy."
  (그는 건강을 유지하기 위해 운동했다.)
  이 문장에서 "in order to stay healthy"는 목적을 나타내며, 운동을 하는 이유가 된다.
  행위: 열심히 운동 (+) – 목적: 건강 유지 (+)

(2) 기타 표현

① So as to Ⓡ – ~ 하기 위하여
- "She whispered so as not to disturb the others."
  (그녀는 다른 사람들을 방해하지 않기 위해 속삭였다.)
  행위: 속삭이다 (+) – 목적: 방해하지 않다 (-)

② For the purpose of -ing – ~ 하기 위하여, ~을 목적으로
- "They gathered for the purpose of discussing the new project."
  (그들은 새로운 프로젝트를 논의하기 위해 모였다.)
  행위: 모이다 (+) – 목적: 프로젝트 논의 (+)

③ In an effort to Ⓡ – ~ 하기 위하여
- "The company invested in new technology in an effort to improve efficiency."
  (회사는 효율성을 개선하기 위한 노력으로 새로운 기술에 투자했다.)
  행위: 투자하다 (+) – 목적: 효율성 개선 (+)

5 유사/환언/대등

(1) 유사

비유의 표현인 「유사」는 앞/뒤가 서로 "같음"을 표시한다. 따라서 같은 내용이 등장 한다.

① Like - ~처럼, ~와 같이
- "Like many others who took rest after working nonstop for months, he decided to take a break to recharge and refresh himself."
  (몇 달 동안 쉬지 않고 일한 많은 사람들처럼, 그는 자신을 재충전하고 새롭게 하기 위해 휴식을 취하기로 결정했다.)
  다른 이들: 휴식 취하다 (유사) 그 남자: 휴식 취하다

② Just as ~ so - ~인 것처럼 ~ 도 그렇다
- Just as the chef carefully prepared the ingredients, so did the waiter serve the meal with great attention to detail.
  (셰프가 재료를 신중하게 준비한 것처럼, 웨이터도 세심한 주의를 기울여 음식을 서빙했다.)
  셰프: 신중하게 준비 (+) - 웨이터: 세심한 서빙 (+)

③ Likewise, Similarly - 마찬가지로, 비슷하게도
- He always helps others in need. Likewise, his friends are always there to support him.
  (그는 항상 도움이 필요한 사람들을 돕는다. 마찬가지로, 그의 친구들도 항상 그를 지원한다.)
  그 남자: 타인에게 도움을 준다 (+) - 친구들: 그를 돕는다 (+)

(2) 환언

"바꿔 말하기"의 의미인 환언은 앞뒤가 정확히 「같은 내용」을 말한다.

① That is (to say), in other words - 즉, 다시 말해서
- He's a very talented musician, in other words, he can play several instruments exceptionally well.
  (그는 매우 재능 있는 음악가이다. 즉, 그는 여러 악기를 뛰어나게 잘 다룬다.)
  재능 있는 음악가 = 여러 악기를 잘 다룸

② to put it differently - - 즉, 다시 말해서
- The weather was quite unpredictable, to put it differently, it changed from sunny to rainy within just a few hours.
  (날씨는 꽤 예측 불가능 했다, 즉, 몇 시간 만에도 맑다가 비가 내리는 것으로 변했다.)
  날씨가 예측 불가능함 = 몇 시간 만에도 날씨가 급변함

③ Ⓐ (be) referred to as Ⓑ (refer to Ⓐ as B) - Ⓐ는 Ⓑ라고 지칭 된다, 불리운다
   (be thought of as / be regarded as / be considered as)
- Recently, new environmental regulations, often referred to as 'green policies,' have been implemented to combat climate change.
  (최근 기후 변화를 대응하기 위해 '녹색 정책'이라고 불리는 새로운 환경 규제가 시행되었다.)
  Ⓐ 환경규제 (environmental regulations) = Ⓑ 환경 보호 정책 (green policies)

2 역접

1 전환 / 반대

① But / however / nonetheless / nevertheless / yet / still

- She loves coffee, but she doesn't drink it often.
(그녀는 커피를 좋아한다. 그러나, 그녀는 그것을 자주마시지는 않는다.)
좋아한다 (+) – 자주 마시지는 않는다 (-)
- The task was difficult, yet I managed to complete it.
(그 일은 어려웠지만, 나는 그것을 완료할 수 있었다.)
일이 어려웠다 (-) – 완료했다 (+)

2 양보

양보는 기본적으로 "어떤 조건이 있음에도 불구하고" 그 사실을 인정하면서 "다른 사실 혹은 반대의 사실 및 의견을 제시"한다. 따라서, 양보절(부사절/부사구)와 주절은 주로 정반대의 내용이 제시된다.

① In spite of / Despite – ~에도 불구하고

- In spite of the heavy rain, they decided to go (+) hiking.
(폭우에도 불구하고, 그들은 하이킹을 가기로 결정했다.)
조건: 폭우: (-) 사실: 하이킹 가다 (+)
- Despite the fact that he made a terrible mistake, he was given another chance to prove himself.
(그가 끔찍한 실수를 했음에도 불구하고, 그는 다시 자신을 증명할 기회를 받았다.)
조건: 실수 (-) – 사실: 기회 (+)

② Although / Though / Even though / Even if 비록 ~일지라도

- Even though he was tired, he kept working.
(비록 피곤했지만, 그는 계속해서 일을 했다)
조건: 피곤함 (-) – 사실: 계속일하다 (+)
- Even if she tries her best, she won't be able to finish the project on time.
(그녀가 최선을 다하더라도, 제시간에 프로젝트를 끝낼 수 없을 것이다.)
조건: 최선을 다함 – 사실: 프로젝트를 끝내지 못함 (-)

3 대조

「대조」는 두 가지 상황이나 사실이 서로 다른 점을 비교하여 대비를 드러내는 것이다. 「대조」는 두 사실이 어떻게 다른지를 강조하며, 한쪽의 특징이나 성질을 다른 것과 비교하는 데 초점을 맞추게 된다.

① Unlike – ~와 달리

- Unlike the warm climate of southern regions, the north experiences harsh winters.
(남쪽 지역의 따뜻한 기후와는 달리, 북쪽은 혹독한 겨울을 경험한다.)
남부: 따뜻한기후 (+) – 북부: 혹독한 겨울 (-)

② whereas – ~하는 반면에, 그에 반해서

- "He is very outgoing, whereas his brother is shy."
(그는 매우 외향적이지만, 그의 형은 수줍음을 많이 탄다.)
그 남자: (외향적) – 그의 형: (수줍음/내성적)

③ In contrast to – ~와 대조적으로
- "In contrast to her calm demeanor, he was very energetic."
(그녀의 차분한 태도와 대조적으로, 그는 매우 에너지가 넘쳤다.)
그녀: 차분함 (내성적) – 그 남자: 에너지 넘침 (외향적)

④ Compared to – ~와 비교하여
- "Compared to the old and slow model, this one is much faster."
(구형 모델과 비교하여, 이 모델은 훨씬 더 빠르다.)
옛날 모델: 낡고 오래됨 (–) – 이 모델: 훨씬 빠름 (+)

⑤ On the other hand – 다른 한편으로, 반면에
- "I love traveling; on the other hand, my sister prefers staying home."
(나는 여행을 좋아하는 반면, 내 여동생은 집에 있는 것을 선호한다.)
나: 여행좋아함 (외향적) – 내 여동생: 집 선호 (내향적)

⑥ Contrary to – ~와 반대로
- Contrary to the popular belief that sharks are scary creatures, not all sharks are dangerous.
(무서운 존재라는 대중의 믿음과 달라, 모든 상어가 위험한 것은 아니다.)
대중의 생각: 상어는 무서움 (–) – 대부분: 위험하지 않음 (+)

⑦ As opposed to – ~에 반하여
- As opposed to other companies that focus solely on profit, the company values sustainability and ethics.
(오직 이익에 집중하는 다른 회사들과는 달리, 그 회사는 지속 가능성과 윤리를 중요시한다.)
대부분 회사: 이익에만 집중 (–) – 그 회사: 윤리 및 환경에도 관심 (+)

이제 학습했던 「논리 원리」를 바탕으로 다음의 출제 예상 문제를 통해서 적용 및 체화 해보도록 한다.

4 반대 가정

① otherwise
- We didn't bring enough food, otherwise we would have had enough for everyone.
(우리는 충분한 음식을 가져가지 않았어, 그렇지 않으면 모두에게 충분히 있었을 거야.)
┌ 사실: 충분한 음식을 갖고 오지 않았다.
└ 반대가정 (otherwise): 충분한 음식을 갖고 왔더라면

- I don't like him, and it would be dishonest of me to pretend otherwise.
(난 그를 좋아하지 않는다. 그러니 그렇지 않은 척한다면 정직하지 못한 일이 될 것이다.)
┌ 사실: 나는 그를 좋아하지 않는다.
└ 반대 가정: 그를 좋아하는 척 하다 (pretend otherwise)

② unless ~가 아니라면
- You won't pass the exam unless you study hard.
(열심히 공부하지 않으면 시험에 합격하지 못할 거야.)
가정: 공부하지 않으면 (–) – 결과: 시험에 통과하지 못할 것이다.(–)
(시험에 합격하기 위하여 공부를 열심히 해야 한다.)

예상 문제 풀이

01 다음 빈칸에 들어갈 알맞은 것은?

> Recently, increasingly _____ weather patterns, often referred to as "abnormal climate," have been observed around the world.

① irregular
② consistent
③ predictable
④ ineffective

---

01 정답 ①

개념
"~라고 지칭되는"의 의미인 "referred to as"가 쓰여 "환언"의 구조가 되었다.

적용 및 해설
① irregular 불규칙한, 고르지 못한
  (unpredictable, erratic, inconsistent)

바로 뒤의 표현 "~라고 지칭되는"의 의미인 'referred to as' 뒷부분이 힌트가 된다. 즉, 'abnormal climate'에서 「climate =weather pattern」이고, 빈칸은 형용사 부분에 해당함을 알 수 있다. 따라서, "불규칙적인, 비정형적인"의 의미 "abnormal" 유사한 의미로 빈칸을 채운다. 정답을 ① irregular로 고른다.

오답해설
② consistent 한결같은, 일관된
  (steady, constant, unchanging)
③ predictable 예측할 수 있는
  (expected, foreseeable, anticipated)
④ ineffective 효과없는, 비효율적인
  (futile, unproductive, pointless)

해석
최근 전 세계적으로 '이상 기후'로 일컬어지는 불규칙한 기상 패턴이 점점 더 많이 관측되고 있다.

어휘
recently 최근에   abnormal climate 이상 기후   observe 관측하다   around the world 전 세계적으로

02 다음 빈칸에 들어갈 알맞은 것은?

> Most economic theories assume that people act on a _____ basis; however, this doesn't account for the fact that they often rely on their emotions instead.

① temporary
② rational
③ voluntary
④ commercial

---

02 정답 ②

개념
"그러나"의 의미인 however를 통해서 역접 (전환/반대)의 방식으로 구성된 문장임을 알 수 있다.

적용 및 해설
② rational 합리적인, 이성적인
(reasonable, logical, sensible, coherent)

대조의 문장 구조이므로, however 뒤의 문장과 앞선 빈칸의 문장이 서로 정반대임을 알 수 있다. however 뒤의 문장에서 사람들은 "감정"에 의존한다고 했으므로, 앞선 부분은 감정의 반대되는 내용이 와야함을 추론 할 수 있다. 따라서, "감정적인" 의 반대 개념인 "이성적인/합리적인"의 의미가 되도록 ② rational로 빈칸을 채운다.

오답해설
① temporary 임시의, 일시적인
(momentary, fleeting, transient)
③ voluntary (자발적인)
(optional, intentional, spontaneous, volunteer)
④ commercial (상업적인)
(trade, retail)

03 다음 빈칸에 들어갈 알맞은 것은?

> In order to exhibit a large mural, the museum curators had to make sure they had _____ space.

① cozy
② stuffy
③ ample
④ cramped

---

03 정답 ③

개념
"~을 위하여"의 의미인 "in order to Ⓡ"이 쓰여 「목적」(순접)의 구조가 되었음을 알 수 있다.

적용 및 해설
③ ample 넉넉한, 충분한
　(abundant, plentiful, sufficient)

　앞선 「목적」을 나타내는 "In order to exhibit a large mural"과 뒤의 주절은 서로 같은 내용이 되어야한다. 앞선 부분에서 「"거대한" 벽화를 전시」한다고 했으므로, 같은 의미로 「"큰" 공간」이 필요하다는 것을 추론할 수 있다. ③을 정답으로 고른다.

오답해설
① cozy 아늑한, 편안한
　(comfortable, snug, warm, welcoming)
② stuffy 답답한, 공기가 잘 통하지 않는
　(cramped, suffocating, uncomfortable)
④ cramped 비좁은, 답답한
　(confined, tight, restricted, small)

해석
대형 벽화를 전시하기 위해, 박물관 큐레이터들은 충분한 공간이 확보되었는지 확인해야 했다.

어휘
exhibit 전시하다　mural 벽화　museum 박물관　curator 큐레이터　make sure 확인하다
space 공간

04 다음 빈칸에 들어갈 알맞은 것은?

> Even though there are many problems that have to be solved, I want to emphasize that the safety of our citizens is our top _____.

① secret
② priority
③ solution
④ opportunity

---

04 정답 ②

개념
"비록 ~이지만, ~에도 불구하고"의 의미인 "Even though"가 쓰여, 양보(역접) 구조의 문장임을 알 수 있다.

적용 및 해설
② priority 우선 사항, 중요도
　(urgency, preference, main concern)
"양보"의 표현이 쓰였으므로, 앞 부사절과 뒤는 반대의 내용이 되어야함을 알 수 있다. 앞선 부분에서 풀어야할 문제가 많다 (-) 라고 했으므로, 뒤의 빈칸은 이와 반대되는 내용이 와야함을 알 수 있다. "안전 (문제)"는 이들 문제들 중 하나이므로, "해결책, 기회" 등이 될 수 없고, 그 중 "최우선 순위"가 됨을 추론할 수 있다. 정답은 ②로 고른다.

오답해설
① secret 비밀, 은밀한
　(confidential information, code)
③ solution 해결책, 해결
　(answer, resolution, remedy, fix)
④ opportunity 기회
　(chance, possibility, option, prospect)

해석
해결해야 할 많은 문제들이 있지만, 나는 우리 시민들의 안전이 최우선 과제임을 강조하고 싶다.

어휘
emphasize 강조하다　　safety 안전　　citizens 시민들　　priority 우선 사항

05 다음 빈칸에 들어갈 것으로 가장 적절한 것은?

> The newly implemented policy aims to eradicate corruption and _____ fairness.

① suppress
② confuse
③ eliminate
④ promote

---

05 정답 ④

개념
해당 문장에서 빈칸 추론의 근거는 "and"이다.
"and"는 병렬 구조를 나타내는 표현으로 이는 이 표현을 중심으로 앞뒤가 **서로 같은 모양, 같은 내용**이 나와야 함을 의미한다.

적용 및 해설
④ promote (촉진하다, 승진시키다)
(encourage, advance, support, elevate, boost)

and의 역할에 근거해 해당 문제를 풀면 and를 기준으로, and 앞 부분에서 "부패를 근절한다" (+)는 내용이 제시되므로 and 뒷 부분에서도 이와 **같은 내용(부정적인 것을 없애는 = 긍정적인 것을 늘리는)**이 제시되어야 한다. and 뒤에는 fairness (+) (공정성)이 제시되어 있으므로 결론적으로 and 앞과 같은 내용이 되려면 fairness (공정성)을 "강화하고, 늘리는 것"이 적절하다. 따라서, "증진시키다" 의미의 ④ promote가 들어가는 것이 적절하다.

오답해설
① suppress 억제하다, 진압하다
  (restrain, subdue, curb, repress)
② confuse 혼란스럽게 하다, 헷갈리게 하다
  (bewilder, perplex, puzzle)
③ eliminate 없애다, 제거하다
  (remove, discard, eradicate, abolish, exclude)

해석
새로 시행된 정책은 부패를 근절하고 공정성을 촉진하는 것을 목표로 한다.

어휘
implement 시행하다, 권한을 주다   policy 정책   aim to ~을 목표로 하다   eradicate 근절하다
corruption 부패   fairness 공정성

06 다음 빈칸에 들어갈 것으로 가장 적절한 것은?

> Unlike the quiet and solemn atmosphere of their house, our home always maintained a _____ atmosphere.

① serious
② lively
③ pensive
④ temporary

---

06 정답 ②

개념
주어진 문장은 "~와 달리"의 의미인 unlike를 이용하며, 「대조」의 형식으로 제시되었다.

적용
대조 표현이므로, 앞선 unlike (부사 부분)과 뒤의 주절은 서로 반대의 의미가 되어야 한다. 앞선 부사의 부분이 "조용한"(quiet), "엄숙한"(solemn)으로 구성되어 있으므로, 뒤의 내용은 "밝고, 활기찬"의 내용이 되어야 한다. ②를 정답으로 고른다.

오답해설
① serious 진지한, 심각한
   (solemn, grave, earnest)
② lively 활기찬, 생기 있는
   (energetic, animated, vibrant, dynamic, cheerful)
③ pensive 생각에 잠긴, 수심에 잠긴
   (reflective, contemplative, thoughtful, melancholic)
④ temporary 일시적인, 잠깐의
   (short-term, momentary, fleeting, transient, provisional)

해석
그들의 집의 조용하고 엄숙한 분위기와 달리, 우리 집은 항상 활기찬 분위기를 유지했다."

어휘
unlike ~와 달리   quiet 조용한   solemn 엄숙한   atmosphere 분위기   maintain 유지하다

07 다음 빈칸에 들어갈 알맞은 것은?

> Any small increment in a single year is likely to go unnoticed. However, the total increment over twenty years is _____.

① significant
② trivial
③ unworthy
④ imperceptible

---

07 정답 ①

개념

① significant 중요한, 의미 있는
   (important, notable, considerable, meaningful, substantial)

"그러나"의 의미인 however가 쓰였다. 따라서, 「전환/반대」 구조로 생각할 수 있다.

적용 및 해설

앞선 부분에서 1년 정도는 "눈에 띄지 않는다"라고 했다. 따라서 however의 뒷부분은 이와 반대로 "중대하다, 눈에 잘 띈다"의 의미가 됨을 추론할 수 있다. ①을 정답으로 고른다.

오답해설

② trivial 사소한, 하찮은
   (insignificant, unimportant, minor, petty, negligible)
③ unworthy 가치 없는, 자격이 없는
   (worthless, inferior, unfit, irrelevant)
④ imperceptible 감지할 수 없는, 미세한
   (invisible, undetectable, unnoticeable, subtle, faint)

해석

한 해의 작은 증가는 아마도 눈에 띄지 않을 것이다. 그러나 20년에 걸친 전체 증가는 상당하다.

어휘

increment 증가, 증대   likely ~할 가능성이 있는, 아마도   go unnoticed 눈에 띄지 않다

08 다음 빈칸에 들어갈 알맞은 것은?

> Teachers who are _____ in their communication can lead their students to feel confused.

① unclear
② aggressive
③ transparent
④ reasonable

---

08 정답 ①

개념
「인과」를 나타내는 ~을 "유발시키다, ~하게 만들다"의 의미인 동사 lead to ~가 쓰였다.

적용 및 해설
① unclear 불분명한, 명확하지 않은
   (vague, ambiguous, indistinct, obscure, equivocal)

"**lead to**" 는 앞선 주어가 원인이고, **to** 뒤가 결과를 나타낸다. **to** 뒤에서 학생들이 "혼란을 겪었다" (feel confused) 라고 했으므로, 앞선 부분 역시 "혼란스러운, 불투명한"등의 의미가 되어야 한다. 따라서, ①을 정답으로 고른다.

오답해설
② aggressive 공격적인, 공격적인 성향의
   (hostile, combative)
③ transparent 투명한, 명확한
   (clear, obvious, unambiguous, straightforward)
④ reasonable 합리적인, 이치에 맞는
   (rational, logical, sensible, fair, justifiable)

해석
의사소통이 불분명한 교사는 학생들이 혼란스러워하게 만들 수 있다.

어휘
communication 의사소통

09 다음 빈칸에 들어갈 알맞은 것은?

> For some people, interview situations are so _____ that they feel completely overwhelmed and anxious.

① interesting
② intimidating
③ pacifying
④ encouraging

---

09 정답 ②

개념
"인과"의 의미인 "너무나 ~해서 ~이다"의 의미인 so ~ that이 쓰였다.

적용 및 해설
② intimidating 위협적인, 겁을 주는
(frightening, daunting, scary, threatening, alarming)
「so 형/부 that」에서는 "so 형/부" 부분이 원인이고, that절 뒤가 결과이다. 뒤의 결과에서 압박감을 느끼고, 불안해진다고 했으므로, 이와 비슷한 부정적인 내용이 들어가야 한다. ①을 정답으로 고른다.

오답해설
① interesting 흥미로운
(engaging, fascinating, intriguing, amusing)
③ pacifying 진정시키는, 달래는
(calming, soothing, reassuring, tranquilizing, appeasing)
④ encouraging 격려하는, 고무적인
(supportive, uplifting, motivating, inspiring, heartening)

해석
어떤 사람들에게는 면접 상황이 너무 위협적이라서 완전히 압도되고 불안감을 느낍니다.

어휘
situations 상황   completely 완전히   overwhelmed 압도된   anxious 불안한

10 다음 빈칸에 들어갈 알맞은 것은?

> Just as it is _____ for individuals to participate in certain rituals in some societies, so it is considered obligatory for maintaining cultural traditions and social cohesion.

① voluntary
② outdated
③ distinct
④ mandatory

---

10 정답 ④

개념
"~인 것처럼 ~도 그렇다"의 의미인 "just as ~ so"의 표현이 쓰여서, 「유사/환언」의 구조가 되었다.

적용 및 해설
④ mandatory 의무적인, 강제적인
(obligatory, required, compulsory, imperative)

빈칸이 포함된 "just as" 부분과 뒤의 so ~ 뒤의 내용은 일치한다. so의 뒤에서 "의무적/필수적으로 간주"된다고 (is considered obligatory)라고 했으므로, 앞선 빈칸 역시 같은 내용이 되어야한다. 따라서, ④를 정답으로 고른다.

오답해설
① voluntary 자발적인
(optional, willing, intentional)
② outdated 구식의, 시대에 뒤진
(old-fashioned, obsolete, antiquated, outmoded, archaic)
③ distinct 뚜렷한, 구별되는
(clear, specific, separate)

해석
일부 사회에서 개인이 특정 의식에 참여하는 것이 의무적인 것처럼, 문화적 전통과 사회적 결속을 유지하는 데 필수적인 것으로 여겨진다.

어휘
Just as ~처럼   participate in 참여하다   certain 특정한   ritual 의식   obligatory 의무적인
maintain 유지하다   cultural 문화적인   tradition 전통   social 사회적인   cohesion 결속

2025
조태정 영어
CLIMAX

STEP 5
분야별 고난도 독해 어휘

STEP 5 분야별 고난도 독해 어휘

생리학(physiology)

01	physiology	생리학
02	anatomy	해부학
03	skeleton	골격
04	muscle	근육
05	cell	세포
06	membrane	막 (얇고 유연한 층)
07	tissue	조직
08	organ	기관
09	metabolism	대사
10	enzyme	효소
11	hormone	호르몬
12	nerve	신경
13	neuron	뉴런 (전기 신호를 통해 뇌와 신경계에서 정보를 전달하는 역할을 하는 세포)
14	neurotransmitter	신경전달물질
15	cardiovascular system	심혈관계
16	respiratory system	호흡기계
17	respiration	호흡
18	perspiration	발한 (땀내기) (=sweating)
19	digestive system	소화기계
20	consume	섭취하다, 소비하다 (=take in)
21	consumption	섭취 (intake), 소비, 폐결핵
22	immune system	면역계
23	reproductive system	생식기계
25	homeostasis	항상성(체온, 혈당 유지 등 몸이 내부 환경을 일정하게 유지하려는 능력)
26	cortex	피질(뇌나 다른 기관의 표면에 위치한 겉부분)

27	(blood) vessel	혈관
28	vein	정맥
29	artery	동맥
30	capillary	모세혈관
31	red blood cell	적혈구
32	white blood cell	백혈구
33	platelet	혈소판
34	diffusion	확산
35	osmosis	삼투
36	receptor	수용체
37	synapse	시냅스 (화학적 또는 전기적 신호로 뉴런 사이에서 정보를 주고 받는 연결 부위)
38	DNA (DeoxyriboNucleic Acid)	디옥시리보핵산 (살아있는 생물의 유전 정보를 담고 있는 분자)
39	RNA (RiboNucleic Acid)	리보핵산 (DNA의 정보를 바탕으로 유전 정보의 전달이나 단백질을 합성하는 분자)
40	gene	유전자
41	chromosome	염색체
42	mutation	돌연변이
43	immune response	면역 반응
44	pathogen	병원체 (질병을 일으킬 수 있는 미생물이나 바이러스)
45	antibody	항체
46	antigen	항원
47	vaccine	백신
48	infection	감염
49	inflammation	염증
50	fever	발열

고고학 (archaeology)

01	archaeology	고고학
02	excavation	발굴
03	dig	발굴하다
04	artifact	유물
05	ruins	유적
06	relic	유물
07	fossil	화석
08	site	유적지, 장소
09	stratigraphy	층위학
10	stratum	층
11	tomb	무덤
12	burial	매장
13	cemetery	묘지
14	temple	신전
15	sculpture	조각
16	inscription	비문
17	hieroglyph	상형문자
18	epigraphy	비문학
19	mummy	미라
20	civilization	문명
21	monument	기념비, 유적
22	paleontology	고생물학
23	prehistory	선사 시대
24	bronze age	청동기 시대
25	iron age	철기 시대
26	stone age	석기 시대
27	neolithic	신석기
28	mesolithic	중석기

29	paleolithic	구석기
30	domesticate	가축화하다
31	domestic	국내의, 가정의, 가축화된, 가정적인
32	carbon dating	탄소 연대 측정
33	chronology	연대학
34	cultural heritage	문화유산
35	anthropology	인류학
36	pottery shards	도자기 파편
37	excavation report	발굴 보고서
38	archaeological survey	고고학적 조사
39	ancient civilization	고대 문명
40	fieldwork	현장 작업

물리학 (physics)

01	physics	물리학
02	force	힘
03	mass	질량, 대중, 무리, 대량의, (카톨릭) 미사, 덩어리
04	velocity	속도
05	acceleration	가속도
06	gravity	중력
07	friction	마찰
08	momentum	운동량, 동력, 기세
09	kinetic energy	운동 에너지
10	potential energy	위치 에너지
11	heat	열
12	temperature	온도
13	thermodynamics	열역학

14	**thermometer**	온도계
15	**thermodynamics**	열역학
16	**thermal**	열의, 열과 관련된
17	**thermoplasty**	열 가소성 (열에 의해 변할 수 있음)
18	**hypothermia**	저체온증
19	**hyperthermia**	고체온증
20	**entropy**	엔트로피
21	**conduction**	전도 (열이나 전기가 물체를 통해 이동하는 과정)
22	**convection**	대류 (열이 액체나 기체 내부에서 이동하는 방식. 따뜻한 공기나 물은 위로 올라가고, 차가운 물질은 아래로 내려가면서 열을 전달하는 현상)
23	**radiation**	복사
24	**waves**	파동
25	**frequency**	주파수, 빈도
26	**wavelength**	파장
26	**wavelength**	파장
27	**reflection**	반사
28	**refraction**	굴절
29	**interference**	간섭
30	**diffraction**	회절 (빛이나 소리, 파동이 장애물을 지나갈 때 그 주위로 퍼지는 현상)
31	**quantum mechanics**	양자역학
32	**photon**	광자
33	**electron**	전자
34	**proton**	양성자
35	**neutron**	중성자
36	**atom**	원자
37	**nucleus**	원자핵
38	**magnetic field**	자기장
39	**electric field**	전기장
40	**current**	전류

41	**voltage**	전압
42	**resistance**	저항
43	**relativity**	상대성
44	**big bang**	빅뱅 (약 138억 년 전 우주가 매우 뜨겁고 밀도가 높은 상태에서 폭발적으로 팽창을 시작했다는 우주의 기원에 관한 개념)
45	**dark matter**	암흑물질 (우주에 존재하지만, 빛을 방출하거나 반사하지 않아서 직접 볼 수 없는 물질)

심리학 (Psychology)

01	**psychology**	심리학
02	**psychiatry**	정신의학
03	**neuroscience**	신경과학
04	**psychoanalysis**	정신분석
05	**behavior**	행동
06	**cognition**	인지 (정보를 처리하고, 이해하며, 기억하고, 문제를 해결하는 과정)
07	**cognitive dissonance**	인지 부조화
08	**perception**	지각 (외부 세계로부터 들어오는 자극을 감각적으로 처리하여 우리가 그 의미를 이해하는 과정)
09	**consciousness**	의식
10	**subconscious**	잠재의식
11	**intelligence**	지능
12	**emotion**	감정
13	**motivation**	동기
14	**therapy**	치료
15	**stress**	스트레스
16	**anxiety**	불안
17	**depression**	우울증
18	**personality**	성격, 인격
19	**conditioning**	조건화

20	observation	관찰
21	experiment	실험
22	hypothesis	가설
23	theory	이론
24	developmental psychology	발달 심리학
25	behaviorism	행동주의
26	self-esteem	자존감
27	self-actualization	자아실현
28	attachment	애착
29	empathy	공감
30	phobia	공포증
31	schizophrenia	정신분열증
32	bipolar disorder	양극성 장애
33	neurotic	신경증적인
34	cognitive therapy	인지 치료
35	behavioral therapy	행동 치료
36	psychometric	심리측정
37	defense mechanisms	방어 기제
38	reinforcement	강화
39	positive reinforcement	긍정적 강화
40	negative reinforcement	부정적 강화

경제학 (economics)

01	economics	경제학
02	market	시장
03	supply	공급
04	demand	수요

05	wage	임금, 보수, 급여
06	deflation	디플레이션
07	**Gross Domestic Product (GDP)**	국내총생산
08	monetary policy	통화 정책
09	fiscal policy	재정 정책
10	interest rate	이자율
11	stock market	주식 시장
12	bonds	채권
13	investment	투자
14	savings	저축
15	capital	자본
16	revenue	수익
17	profit	이익
18	loss	손실
19	taxation	과세
20	balance	잔액, 차액, 균형
21	unemployment rate	실업률
22	labor force	노동력
23	supply chain	공급망
24	trade	무역
25	labor union	노동조합 (=trade union)
26	import	수입
27	export	수출
28	currency	통화
29	exchange rate	환율
30	stock	주식
31	shareholder	주주
32	speculation	투기
33	**Federal Reserve System**	연방준비제도 (미국의 중앙은행)

34	dividend	배당금
35	recession	경기 침체
36	liquidity	유동성, 현금화
37	liquidation	청산
38	monopoly	독점
39	oligopoly	과점
40	net profit	순익 (=net income)
41	surplus	잉여, 과잉, 여분
42	capitalism	자본주의
43	socialism	사회주의
44	communism	공산주의
45	globalization	세계화
46	public goods	공공재
47	externality	외부 효과
48	opportunity cost	기회비용
49	scarcity	희소성
50	privatization	민영화
51	yield	수익, 산출, 생산
52	Debt	부채, 빚, 의무
53	transaction	거래, 처리, 업무
54	margin	차액, 이익, 여백, 한계
55	marginalized groups	소외계층 (disadvantaged groups)
56	public sector	공공 부문
57	private sector	민간 부문
58	poverty line	빈곤선 (생계 유지를 위해 필요한 최소한의 소득 수준)
59	middle class	중산층
60	health insurance	의료 보험

유럽/미국 역사 (European/American history)

01	**Emancipation**	해방
02	**Abolition**	폐지, 노예제 폐지
03	**Civil Rights**	시민권
04	**Civil Rights Movement**	시민권 운동 (흑인 인권운동)
05	**Civil Disobedience**	시민 불복종
06	**Slavery**	노예제
07	**Revolution**	혁명
08	**Suffrage**	선거권
09	**Civil War**	남북전쟁, 내전
10	**Renaissance**	르네상스
11	**Feudalism**	봉건제 (Feudal System)
12	**Chivalry**	기사도
13	**Constitution**	헌법
14	**Colonialism**	식민주의
15	**Imperialism**	제국주의
16	**Monarchy**	군주제
17	**Reformation**	종교개혁
18	**Enlightenment**	계몽주의, 계몽
19	**Nationalism**	민족주의
20	**Socialism**	사회주의
21	**Fascism**	파시즘
22	**Totalitarianism**	전체주의
23	**Treaty**	조약
24	**Exodus**	탈출, (난민의) 대이동
25	**Colony**	식민지
26	**Constitutional Monarchy**	입헌 군주제
27	**Black Death**	흑사병 (Bubonic plague)
28	**Pestilence**	전염병

29	Crusade	십자군 전쟁
30	Inquisition	종교재판
31	Plague	전염병, 역병
32	Revolutionary War	(미국의) 독립 전쟁
33	Holocaust	홀로코스트, 대량 학살, 유대인 학살 (=Massacre /=genocide)
34	Liberalism	자유주의
35	(Economic) Depression	경제 대공황 (Great Depression)
36	Iron Curtain	철의 장막 (소련의 정치적 장벽)
37	Cold War	냉전
38	Industrial Revolution	산업 혁명
39	Welfare State	복지 국가
40	Prohibition	금주법, 금지

철학 (Philosophy)

01	Philosophy	철학
02	Existence	존재
03	Epistemology	인식론
04	Metaphysics	형이상학
05	Morality	도덕
06	Ethics	윤리학
07	Logic	논리학
08	Phenomenology	현상학
09	Nihilism	허무주의 (인생이나 우주에 의미나 목적이 없다고 주장하는 철학적 관점)
10	Utilitarianism	공리주의 ("최대 다수의 최대 행복"을 목표로 하는 윤리 이론)
11	Deontology	의무론 (행동의 도덕적 가치를 그 결과가 아니라, 행동 자체의 규칙이나 원칙에 따라 평가하는 윤리 이론)
12	Virtue	미덕
13	Vice	악덕

14	**Empiricism**	경험주의 (모든 지식은 경험을 통해 축적되고, 이론이나 가설은 경험적 증거에 기반해야 한다고 보는 관점)
15	**Rationalism**	이성주의 (인간은 감각적 경험보다는 이성적 사고와 논리를 통해 진리를 발견할 수 있다고 보는 관점)
16	**Pragmatism**	실용주의 (문제 해결이나 일상적인 행동에서 유용하고 실행 가능한 방법을 중시하며, 이론보다 실제 결과를 중시하는 관점)
17	**Idealism**	이상주의 (물질적 세계는 궁극적으로 정신적 혹은 이상적인 현실의 표현에 지나지 않으며, 우리가 경험하는 현실은 우리의 인식이나 사고의 결과라고 보는 관점)
18	**Realism**	현실주의 (물질적 세계와 외부 현실이 우리의 인식이나 감각과 관계없이 독립적으로 존재한다고 주장하는 철학)
19	**Relativism**	상대주의 (진리, 도덕, 문화 등의 가치가 보편적이지 않고, 상황이나 개인, 문화에 따라 다르다고 주장하는 철학적 관점)
20	**Skepticism**	회의주의 (지식이나 믿음에 대해 항상 의문을 가지고, 확실한 진리를 알 수 없다고 주장하는 철학적 관점)
21	**Subjectivity**	주관성
22	**Objectivity**	객관성
23	**Dualism**	이원론 (두 가지 본질적이고 독립적인 실체나 원리가 존재한다는 철학적 관점으로, 보통 정신 (마음)과 물질 (몸)이 별개의 존재로 나뉜다는 관점)
24	**Monism**	일원론 (모든 것이 하나의 본질로 이루어져 있다는 철학적 관점으로, 정신과 물질, 혹은 모든 존재가 근본적으로 동일한 실체에서 나온다고 보는 관점)
25	**Social contract**	사회 계약
26	**Philosophical argument**	철학적 논증
27	**Dialectic**	변증법
28	**Paradox**	역설
29	**Justice**	정의
30	**Existentialism**	실존주의 (인간이 본질적으로 자유롭고, 그 자유를 통해 자신의 삶의 의미를 스스로 만들어간보는 관점)
31	**Moral relativism**	도덕 상대주의
32	**Hedonism**	쾌락주의 (쾌락을 가장 중요한 가치로 삼고, 인간의 행동은 쾌락을 극대화하고 고통을 최소화하려는 욕구에서 비롯된다고 주장하는 관점)
33	**Altruism**	이타주의
34	**Tautology**	자의적 반복
35	**Illusion**	착각
36	**hallucination**	환각

37	Delusion	망상
38	oblivion	망각
39	Authenticity	진정성
40	Causality	인과성

미래 기술 및 기타 상식

01	Autonomous vehicle	자율주행차
02	3D printing	3D 프린팅 (디지털 3D 모델을 바탕으로 물체를 층층이 쌓아가며 실제 물건을 만드는 기술)
03	Artificial Intelligence (AI)	인공지능
04	Augmented Reality (AR)	증강현실 (스마트폰이나 AR 안경을 통해 현실 세계를 보면서 그 위에 가상의 객체나 정보를 실시간으로 추가하는 기술)
05	Virtual Reality (VR)	가상현실 (VR 헤드셋이나 기기를 착용하여 실제 세계와는 전혀 다른 가상의 세계에 들어가서 3D 환경을 경험하거나 상호작용하는 기술)
06	Machine learning	기계학습 (컴퓨터가 명시적인 프로그래밍 없이 데이터를 분석하고, 그 데이터를 바탕으로 스스로 학습하여 예측이나 결정을 내리는 기술)
07	Neural network	신경망 (인간의 뇌를 모방한 방식으로 데이터를 처리하는 알고리즘입니다. 여러 개의 노드 (또는 뉴런)가 연결되어 정보를 전달하고, 이를 통해 패턴을 인식하거나 예측을 수행함)
08	Computer vision	컴퓨터 비전 (컴퓨터가 사진이나 비디오와 같은 시각적 정보를 처리하여 물체를 인식하거나, 장면을 이해하고, 사람의 동작을 분석하는 등의 작업을 수행하도록 하는 기술)
09	Natural language processing (NLP)	자연어 처리 (컴퓨터가 텍스트나 음성을 분석하고, 번역하거나 질문에 답하는 등의 작업을 수행할 수 있도록 하는 기술)
10	Big data	빅 데이터 (빅 데이터는 다양한 형태 (텍스트, 이미지, 동영상 등)의 방대한 정보를 포괄하며, 이를 분석하여 패턴, 트렌드, 인사이트 등을 도출하는 데 사용됨)
11	Data mining	데이터 마이닝 (대량의 데이터에서 유용한 정보나 패턴을 찾아내고, 이를 통해 숨겨진 트렌드나 규칙을 발견하며, 이를 기반으로 예측하거나 의사 결정을 내리는 데 사용됨)
12	Blockchain	블록체인 (데이터를 안전하게 저장하고 관리하는 분산형 기술로, 여러 개의 '블록'이 체인처럼 연결되어 데이터를 기록하고, 각 블록은 이전 블록의 정보를 포함하고 있어 변경이 어렵도록 만드는 기술)
13	Cryptocurrency	가상 화폐 (디지털 방식으로만 존재하는 화폐. 중앙 기관 없이 블록체인 기술을 기반으로 거래가 이루어지는 것이 특징)

14	IoT (Internet of Things)	사물인터넷 (일상 속의 다양한 기기들이 인터넷을 통해 서로 연결되어 데이터를 주고받으며, 자동으로 정보를 처리하거나 제어하는 기술)
15	Cloud computing	클라우드 컴퓨팅 (인터넷을 통해 데이터를 저장하고, 프로그램을 실행하며, 컴퓨터 자원을 필요한 만큼 빌려서 사용하는 기술)
16	5G technology	5G 기술 (더 빠른 다운로드 및 업로드 속도, 낮은 지연 시간을 통해 많은 기기들이 동시에 끊임 없이 연결되도록 하는 기술. 자율주행차, 스마트 시티, 가상현실 (VR) 등 이 구현되는데 핵심적인 기술)
17	Quantum computing	양자 컴퓨팅 (전통적인 컴퓨터의 비트 (bit)를 대신 **큐비트 (qubit)**라는 단위를 사용하는 컴퓨터. 즉, 0과 1이 동시에 존재하는 중첩 (superposition) 상태로 데이터를 처리하며, 큐비트 간의 얽힘 (entanglement) 현상을 활용해 더 빠르고 효율적인 계산이 가능함.)
18	Wearable technology	웨어러블 기술 (스마트워치, 피트니스 트래커, 스마트 안경 등 몸에 착용할 수 있는 전자기기 통해 실시간으로 사용자 데이터를 수집하거나 정보를 제공하는 기능함.)
19	Chatbot	챗봇 (고객 서비스, 정보 제공, 문제 해결 등 다양한 분야에서 사용되는 기술로 사용자의 질문이나 요청에 자동으로 응답하는 프로그램.)
20	Biometric authentication	생체 인증 (지문 인식, 얼굴 인식, 홍채 인식, 목소리 인식 등 사람의 고유한 신체적 특성이나 행동 패턴을 사용하여 신원을 확인하는 기술)

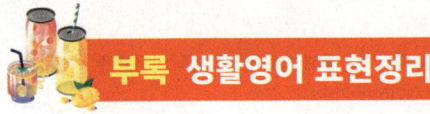

부록 생활영어 표현정리

인사 표현	
① 초면 인사	· How do you do? · Nice to meet you. · Glad to meet you. · It's pleasure to meet you.
② 오랜만이에요.	· Long time no see. · I haven't seen you for a while (= long time / = ages) · It's a long time since I saw you last.

안부 표현	
① 어떻게 지내?	· How are you? · How are you doing? · How have you been? · What have you been up to? · How is it going? · How are things with you? · How are you getting along?
② 통성명	· How should I address you? (address: 호칭하다/주소/접근하다/연설) 당신을 어떻게 불러드려야 하나요?
③ 악수합시다.	· Give me your hand.
④ 안부 전해 주세요.	· Remember me to 사람 = Give my regards to 사람 = Please give my best wishes to 사람 = Please send 사람 my best wishes. = Say hello to 사람(*동사 주의)
⑤ 감사	· Thank you (for your help). · I'd appreciate it. · I'm much obliged to you. · I can't thank you enough. · I'm very much thankful to you.

⑥ 감사의 화답	· You're welcome. · Don't mention it. · It's my pleasure. · The pleasure is (all) mine. · It was really nothing. · It's the least thing I can do.
⑦ 사과	· I am very (= terribly / = awfully) sorry. · I apologize (to you). · I feel sorry about it.
⑧ 사과의 화답 – 괜찮아요	· That's all right. · No problem. · That's okay. · Not at all. · It doesn't matter. · No trouble at all. · I don't care. · Don't worry about it.
⑨ 변명하지 마세요.	· No excuse. · Don't give me any excuse. · What's your excuse this time?

전화 표현	
① 통화 중입니다.	· The line is busy. (= engaged.)
② 잠시만요. (끊지 마세요)	· Hold on, please. · Hold the line. · Hang on. · Just a moment, please. · Just a minute, please. · Please, don't hang up the phone.
③ 내선 7781 연결 부탁드립니다.	· Could you put me through to 7781, please? · Could you connect me 7781 please? · Could you transfer this call to 7781, please? · Can I have extension 7781 please?

④ 용건이 뭡니까?	• What's this about? • What's this regarding (= concerning)?
⑤ 7781을 콜렉트콜로 부탁합니다.	• I'd like to make a collect call to 7781. • Make it collect, please. • Call me collect, please.
⑥ 용건만 간단히요.	• Don't hog the phone. • Don't monopolize the phone.
⑦ 바꿔드릴게요.	• I'll get him (on the phone).
⑧ 그런 사람 없는데요.	• There's no one here by that name. (전치사 by 주의)
⑨ 통화 중이세요.	• He's on another line. • He is on the phone (line).
⑩ 전화 잘못 거셨습니다.	• You have the wrong number.
⑪ 어디로 전화하셨나요?	• What number did you dial? • What number are you calling?

호응 표현	
① 당신 말이 맞아요.	• You said it. • You can say that again. • That's true. • I couldn't agree (with you) more. • That's exactly what I think. • You took the words right out of my mouth. • You hit the nail right on the head.

식당에서 표현	
① 몇 분이세요?	• How large is your party? (party: 일행, 정당, 당사자)

② 스테이크를 어떻게 해드릴까요?	• How would you like your steak?
	  - rare 거의 익히지 않고
	  - medium 중간 정도
	  - well-done 바짝 익혀서

③ 커피를 어떻게 드릴까요?	• How would you like your coffee?

④ 그것은 공짜입니다.	· It's on the house. (on: ~가 책임지다 / the house: 식당, 술집)
⑤ 많이 드세요.	· Help yourself. 많이 드세요. (to 음식) · Would you like second helping? 조금 더 드실래요?
⑥ 내가 낼게	· I will pick up the tab. (the tab: 계산서) · It's on me. 내가 책임질게. · I will treat you.
⑦ 남은 음식 좀 싸 주세요.	· Could you give me a to-go box?(= doggy bag / = take-out box) · leftover(s) (남은 음식)

교통 표현	
① 교통 혼잡	· traffic congestion / traffic jam
② 교통이 혼잡하다.	· The traffic is heavy. · It's bumper to bumper. 범퍼 간(차 간) 간격이 좁다.
③ (택시에서) 어디로 가시나요?	· Where to sir? / ma'am?
④ 음주운전	· Driving under influence(D.U.I)

시간 표현	
① 몇 시인가요?	· What time is it? · What time do you have? · Do you have the time? · Could you tell me the time?
② 내 시계는 하루에 5분씩 [빨라진다. / 느려진다.]	· My watch [gains / loses] 5 minutes a day.
③ 식당에서 몇 시에 만날까?	· What time shall we make it at the restaurant?
④ 다음을 기약해요.	· Can I take a rain check?
⑤ 오늘 업무는 여기까지 합시다.	· Let's call it a day.

날씨 표현	
① 날씨가 어때요?	· How is the weather? · What is the weather like? (*How - Ø / what - like 주의)
② 날씨가 춥네요.	· There's a chill in the air. · It's freezing.
③ 천둥번개가 심해요.	· There's a peal (= clap) of thunder.

상점 표현	
① 입어봐도 되나요?	· May I try it on? (*전치사 on 주의)
② 외상으로 살 수 있어요?	· Can I buy it on credit?
③ 바가지네요/ 너무 비싸요.	· It's a rip off. · It's steep.

기타 표현	
① 화장실이 어디죠?	· Where can I wash my hands? = Where is the rest room? = Could you tell me where the rest room is? = Will you show me where the toilet is?
② 안타깝네요!	· What a pity! = I'm sorry to hear that. = It's a pity. = What a shame! = That's too bad. = That's terrible. = It is much to be regretted. · Better luck next time! 다음에는 좀 낫길 바라요!

③ 이만 집에 가봐야겠어요.	· I have to leave now. = I must be going now. = It's time to say good-bye. = I am sorry, but I should go now. = I must take leave of you now. = I must be off now. = I must be on my way now. = I'm afraid I should run along. = I really should be on my way.	
④ 무슨 문제가 있나요?	· What's the trouble with you? = What's wrong with you? = What's the matter? = What's the problem?	
⑤ 무슨 말인지 알겠나요?	· Do you follow me? = Are you with me? = Have you got that? = Do you understand? = Do you get me? = Are we on the same page now?	
⑥ 도와주시겠습니까?	· May I ask you a favor (of you)? = Will you do me a favor? = Will you do a favor for me? = Could you help me? = Would you give me a hand?	
⑦ 진정하세요.	· Relax. = Calm down. = Take it easy. = Don't be so exited. = Don't lose your cool! = Pull yourself together!	
⑧ 정말인가요?/ 진심이세요?	· Are you serious? = Are you sure? = Did I hear you right? = You really mean it?	
⑨ 빈자리인가요?	· Is this seat occupied? = Is this seat taken? = Is this seat being used? = Are you using this seat?	

⑩ 농담하지 마세요!	• You are kidding(me)! = Are you pulling my leg? = No kidding!
⑪ 참견하지 마세요.	• It is no business of yours. = It is none of your business. = It is no concern of yours. = You have nothing to do with it. = Mind your own business. = You don't have any say in the matter. (*a say 발언권)
⑫ (길 안내 후) 쉽게 찾으실 수 있으실 거예요.	• You can't miss it.
⑬ 저도 초행길입니다.	• I am sorry I am a stranger here myself (too). = I'm sorry I'm new(fresh) here. = I'm sorry I've never been here before. = I'm sorry this is my first time here. = I'm sorry I'm not familiar with this area.
⑭ 오늘은 여기까지 합시다. (이제 그만 업무를 마감합시다.)	• Let's call it a day. = Let us leave off work. = It is time to wind up today's work. (*wind up 마치다/마무리짓다)
⑮ 안부 편지를 보내주세요.	• Don't forget to drop me a line. = Please remember to write to me. = Send a letter to me without fail. = I'd like to hear from you soon.
⑯ 잘못 들었습니까? (다시 말씀해 주실래요?)	• I beg your pardon? = Pardon (me)? = Excuse me? = Will you say that again, please? = Could you repeat the last part?
⑰ 내가 대접하지요. (내가 쏠게.)	• Let me treat you. = Let me take care of the bill. = Let me settle the bill today. = It's on me.
⑱ 오늘은 휴가일입니다.	• I have the day off from work today. = I'm off duty. = I stay away from work today. = This is an off-day for me.

기타 표현	
~에 신물나다	be fed up with
~을 따라잡다	keep up with
~을 따라잡다	catch up with
~을 고안하다/복수하다/제안하다	come up with
참다(= endure)	put up with
난 그걸 당해도 싸다.	It serves me right.
좀 봐주다	go easy on
우리 줄 서있는 겁니다.	We are in line.
새치기하지 마세요.	Don't cut in line.
정말 좋아요.	Things are skyrocketed.
정말 좋아요.	I am walking on air.
너무 심하게[진지하게] 받아들이지는 마.	Don't take it too hard.
무슨 영화가 상영중이지?	What's on?
일이 완전히 꼬였어요.	Things are all screwed up.
내게 맡겨둬	Leave it to me. (= let me take care of it. / = I will take care of it.)
(길안내 후) 반드시 쉽게 찾을 수 있을 거예요.	You can't miss it.
지나간 일은 잊어버려.	Let bygones be bygones.
농담이 아니라 진심이라고.	I mean business.
여기가 어디죠?	Where am I?
좀 태워 주실 수 있을까요?	Can you give me a ride?
준비 완료 되었습니다. 계산이 다 처리되었습니다.	It's all set.
큰 건 없어. (별일은 없어)	It's no big deal.
더할 나위 없이 좋다.	It couldn't be better.
불가능하다.	It's out of the question.
확실하다.	It's out of question.
전 재산을 털어 넣다. 매우 비싸다.	사물 cost 사람 a fortune. (it costs me a fortune.)
~에게 쌀쌀맞게 대하다	bite one's head off

~에게 쌀쌀맞게 대하다	show 사람 cold shoulder
증기를 배출하다(화를 삭이다)	let off some steam
~을 사다/~를 데리고 오다/~를 들다	pick up
신고할 품목 없습니다.	nothing to declare (= just the normal allowance)
(받은 복을 세어봐라.) 지금 슬픈 일은 예전의 행복으로 잊어라.	Count your blessings.
~을 우습게 여기다	play innocent with
그건 니 희망사항이고.	You wish. (= dream on)
해야 할 일이 많다	have too much on one's plate
솔직히 다 털어놔.	empty your bag.
나눠서 내다.	go fifty-fifty (= let's go dutch. / = dutch-pay / = let's split the bill)
~시에 전화로 깨워주세요.	Can you give me a wake-up call at ~, please?
몸이 안 좋아요.	I feel under the weather.
원하시는 대로 하세요.	Do as you please.
오해는 마세요.	Don't get me wrong.
어디까지 했지?	Where was I?
무슨 말인지 하나도 모르겠네.	It's all Greek to me.
한숨도 못잤다.	I didn't sleep a wink.
누가 신경이나 쓴대?	Who cares? (= What's the difference?)
현재는 실직 중입니다.	I'm between jobs.
잔돈 있어요?	Do you have some change?
큰일 날 뻔 했네요.	That was a close call.
같은 처지군요.	We are in the same boat.
누가 그러더군요./사람들이 그러던데요.	A little bird told me.
막상막하	Neck and Neck
귀찮게 그러지 마세요.	Don't bother.
내 경력란을 강화해야겠어.	I need to beef up my vita.
간략히 말해서 그는 너랑 결혼하고 싶어해.	In a nutshell, he wants to marry you.

말도 안 돼!	That's baloney.
그 표현은 상당히 진부해.	The expression is quite stale.
하루 동안 그걸 곱씹어 생각해볼게.	Let me chew on it for a day.
무슨 일이야? 뭐하고 있어?	What's cooking?
그의 말은 모두 사탕발림이야.	His words are all sugar-coated.
어떤 일이든 장단점이 있기 마련이야.	You have to take the bitter with the sweet.
이 차는 겉만 번지르르해.	This car is lemon.
그녀는 내게 너무나 소중한 사람이다.	She is the apple of my eye.
나는 감당도 못할 일을 하려고 했다.	I bit off more than I could chew.
나는 그의 핑계를 믿지 않는다.	I don't buy his excuses.
나는 그 실수로 혹독한 대가를 치렀다.	I paid dearly for that mistake.
사람들이 꽉 들어차 있다.	The house was crowded with people wall to wall.
그는 돈을 낭비한다.	His money goes down the drain.
내가 실언을 했었네.	It was slip of my tongue. (= I put my foot in my mouth.)
정곡을 찌르다.	Hit the spot.
중간점에서 만납시다. (합의합시다.)	I will meet you halfway. (= let's go halves.)
제가 주제 넘는 말을 했네요.	I spoke out of turn.
내가 할 말을 당신이 했네요. (당신 말이 맞아요.)	You took the words right out of my mouth.
이 부분은 똑바로 해두자. (이건 분명히 짚고 넘어가자.)	Let's get this straight.
친구 좋다는 게 뭐야.	What are friends for?

부록 생활영어 표현정리

keep

keep at 계속해서 조르다	**keep away** 멀리 떨어져 있다
keep back 물러서 있게 하다, 접근시키지 않다	**keep down** 억제하다, 줄이다
keep ~ from ~하지 못하게 하다	**keep oneself from** 자신을 ~ 못하게 억제하다
keep in ~ 속에 가두다	**keep off** 접근시키지 않는다
keep out 못 들어오게 하다, 못하게 하다	**keep on** 꾸준히 계속하다
keep up 좋은 상태로 유지하다	**keep up with** 떨어지지 않고 따라가다
keep in mind 명심하다	**keep company with** 교제하다, 동반하다
keep pace with 보조를 맞추어 따라가다	**keep early hours** 일찍 일어나다
keep order 질서를 지키다	**keep good time** 시간이 잘 맞는다
keep secret 비밀을 지키다	**keep to** 고수하다

go

go along 따라가다, 진행하다	**go around(about)** 돌아다니다
go away 멀리 가버리다	**go back** 되돌아가다, 소급해 올라가다
go back on 약속을 어기다	**go down** 내려가다
go for ~을 구하러 가다	**go in for** ~을 좋아서 해보다, ~에 참가하다
go into 자세히 ~하다, 들어가다	**go off** 터지다, 잠들다
go on 계속하다, 진행하다	**go out** 나가다, 없어지다
go over 살펴보다	**go up** 올라가다
go through 통과하다, 조사하다	**go to** ~로 가다
be going to ~하려고 하다	**go to law** 고소하다
go with 어울리다	**go without** ~없이 지내다

come

come across 우연히 만나다	**come across with** 실토하다, 내주다
come along 진행되다, 함께 가다	**come along with** 함께 가다
come apart 떨어져 나오다	**come back** 돌아오다
come by 입수하다, 잠깐 들르다	**come from** ~출신이다, ~에서 오다
come for 공격해오다, 가지러오다	**come in** 유행하다, 어떠한 상태로 나오다
come of ~한 결과로 나타나다	**come off** 벗어지다, 떨어지다
come on 나타나다, 등장하다	**come out** 나오다
come to ~에 이르다	**come through** 극복하다
come up 발생하다	**come down** 점점 나빠지다
come up with 따라오다	**how come** 어째서, 어쩌다가

bring

bring about 발생시키다, 초래하다	**bring around** 살리다, 제정신이 들게 하다
bring back 도로 가져오다, 반환하다	**bring down** 내리다
bring down the house 반응이 좋다	**bring forth** 밖으로 내보내다, 생산하다
bring forward 제출하다	**bring ~ home to** 절실히 느끼게 하다
bring in 끌어들이다	**bring off** 잘 해내다, 해치우다
bring on 초래하다	**bring out** 내놓다
bring to ~로 가지고 오다/~로 이끌다	**bring up** 양육하다
bring up the rear 꼴찌를 하다	

turn

turn down 거절하다, 낮추다
turn off 끄다
turn over 뒤집어 놓다
turn out ~으로 나타나다, 생산하다
turn up 나타나다, 높이다
turn in 잠자리에 들다, 제출하다
turn on 틀어놓다, 켜다
turn around 빙빙 돌다, 돌리다
turn to 의지하다

let

let off 풀어주다, 방출하다
let down 내리다, 실망시키다
let on 털어놓다
let in 들어보내다
let alone 말할 것도 없다
let go of 놓아주다

hold

hold back 감추다, 억제하다, 접근하지 못하게 하다
hold in 억제하다, 자제하다
hold on 지속시키다, 잡고 있다
hold over 연기하다, 유임하다
hold one's own 버티다
hold up 손들다, 받들다, 중지하다
hold good 유효하다
hold down 억누르다, 제지하다
hold off 저항하다
hold out 버티다, 저항하다, 내밀다
have a hold over 급소를 잡고 있다
hold to 고수하다, 지키다
hold water 이치에 맞다

work

work at 노력하다
work in 속에 넣다, 삽입하다
work out 문제를 풀다
work up 차츰 ~을 만들다
work for ~에 종사하고 있다
work off 점차적으로 줄이다
work over 다시 하다, 때리다

know

know better than to R ~한 일은 안 한다	**know what's what** ~잘 알고 있다, 도사다
Not that I know of 내가 알고 있는 바로는 그렇지 않다	**know-it-all** 뭐든지 아는 체하다
for all I Know 아마 ~일지도 모른다	

lay

lay aside 옆에 놓다, 저축하다	**lay down** 내려놓다, 포기하다
lay in 저장해두다	**lay off** 그만두다, 일시 휴직시키다
lay on 부과시키다, 때리다, 바르다	**lay out** 펼치다, 소비하다; 설계하다
lay to 정박시키다	**lay up** 병상에 눕다

pass

pass around 돌리다, 회람시키다	**pass away** 죽다, 소일하다
pass by 지나가다	**pass for** ~으로 통하다
pass out 기절하다	**pass over** 눈감아주다, 빠뜨리다
pass through 통과하다, 경험하다	**pass up** 포기하다, 거절하다

take

take after 닮다	**take off** 벗다, 이륙하다
take on 책임을 맡다	**take out** 꺼내다, 데리고 나가다
take over 인수하다, 넘겨받다	**take to** ~을 좋아하게 되다
take up 과목을 택하다, 취하다	**take care** 조심하다
take care of 돌보다	**take charge of** 담당하다, 돌보다
take pleasure 기뻐하다	**take the liberty of** 실례를 무릅쓰고 ~하다
take advantage of 이용하다	**take one's measurements** 치수를 재다
take one's temperature 체온을 재다	**take part in** 참여하다
take a liking 좋아하다	**take one's time** 천천히 하다

take by surprise 기습하다	**take hold of** 잡다
take account of 고려하다, 참작하다	**take control of** 장악하다
take place 발생하다	**take pains** 신경을 써서 잘 한다
take pride in 자랑하다	**take pity on** 동정하다
take notice of 주의하다	**take one's breath** 호흡하다
take it easy 서둘지 말고 천천히 하세요	

do

do well 잘하다	**do 人 good** 이롭게 하다
do 人 harm 해치다	**do wrong** 악행하다
do without ~없이 지낸다	**do up** 마무리하다, 고치다
do away with 없애다, 폐지하다(= abolish)	**do the dishes[or wash a dish]** 설거지하다
do a favor 친절을 베풀다	**do damage to** 피해를 입히다
do a miracle 기적을 행하다	**do a room** 방을 정돈하다
do flowers 꽃꽂이 하다	

make

make an acquaintance 아는 사이가 되다	**make an agreement** 계약하다
make amends for 보상하다	**make an attempt** 시도하다
make an apology 사과하다	**make a calculate** 계산하다
make a choice 선택하다	**make a concession** 양보하다
mak a confession 고백하다	**make a declaration** 선언하다
make a difference 차이를 내다	**make an effort** 노력하다
make one's escape 도망치다	**make an excuse** 변명하다
make an experiment 실험을 하다	**make a feast** 연회를 베풀다
make a fortune 부자가 되다	**make friends with** 친구를 삼다
make haste 서두르다	**make a journey** 여행하다

make a mistake 실수하다	**make a money** 돈을 벌다
make a noise 시끄러운 소리를 내다	**make an offer** 제의하다
make peace 화해하다	**make a poem** 시를 쓰다
make progress 발전하다	**make a promise** 약속하다
make a proposal 제안하다	**make a treaty** 조약을 맺다
make use of 이용하다	**make a voyage** 항해하다
make way 길을 내다	**make friends** 친구로 삼다
make good 성공하다	**make much(little) of** 중시(경시)하다
make do with ~으로 견디다, 때우다	**make passes at** 눈짓을 하다
make over 다시 만들다, 고치다	**make sure** 확인하다
make up 보완하다, 보충하다, 화장하다	**make believe** ~인 체하다(= pretend)
make out 만들어내다, ~처럼/이해하다	**make off** 도망치다

give

give information 정보를 제공하다	**give one's word** 약속하다
give a lecture 강의하다	**give birth to** 출산하다
give away 주어버리다	**give back** 돌려주다
give in 굴복하다, 양보하다	**give off** 발산하다
give out 다 써버리다, 떨어지다	**indian giver** 주었다가 도로 빼앗는 사람

have

have a fit 화를 내다, 놀라다	**have nerves of iron** 대담하다
have the nerve 뻔뻔스럽게도	**have a heart of gold** 마음씨가 비단결 같다
have a heart 동정을 베풀다	**have it that** ~라고 주장하다
have it in for 벼르다	**have it out** 하고 싶은 말을 다하다, 입씨름하다

run

run around 돌아다니다	**run across** 우연히 만나다
run after 뒤쫓다	**run away** 도망치다, 달아나다
run down 지치다	**run for** 출마하다
run in 체포하다, 들르다	**run into** 우연히 만나다
run off 도망치다, 몰아내다	**run out of** 떨어지다, 다 써버리다
run over 치다, 훑어보다	**run up against** 부딪치다

look

look at 쳐다보다	**look around** 주변을 둘러보다
look after 돌보다	**look back** 뒤를 돌아다보다, 추억하다
look down on 내려다보다, 업신여기다	**look for** 찾다
look forward to 학수고대하다	**look in** 잠깐 들르다
look into 조사하다, 살피다	**look on** ~로서 보다
look out 조심하다	**look over** 살펴보다, 훑어보다
look through 살펴보다, 훑어보다	**look to** 의지하다, 기대하다
look up (사전) 찾아보다	**look like** ~처럼 보이다

set

set about 시작하다	**set against** 대항시키다
set apart 떼어놓다	**set aside** 따로 떼어놓다, 제쳐놓다
set back 뒤로 물러서게 하다	**set down** 내려놓다
set in 시작하다	**set off** 돋보이게 하다, 폭발시키다
set out 발표하다	**set to** 시작하다
set up 세우다	**set fire to** 불을 지르다
set free 풀어놓다, 해방시키다	**set store by** 존중하다
set an example 본을 세우다	**set the pace** 진도를 세우다

tell

tell apart 식별하다, 구별하다	**tell A from B** A와 B를 구별하다
tell one's off 꾸짖다	**tell on** 일러바치다, 나쁜 영향을 주다

기타

call for 요구하다	**call on** 방문하다
count on 의지하다	**disagree with** 동의하지 않다
put an end to 끝마치다	**figure on** 기대하다, 계산에 넣다
get around 피하다	**hang around** 피하다
hear of 들어서 알다	**hit on** 우연히 발견하다
live on ~을 먹고 살다	**pick on** 놀리다
run over 치다, 넘치다	**call a person back** 다시 불러오다
call away 불러가다	**call off** 취소하다(=cancel)
call names 욕하다/놀리다	**call down** 꾸짖다

MEMO